超越投资误区

MISTAKES YOU COULD HAVE AVOIDED

行为金融与投资心法

Investing Lessons *from* Behavioral Finance

刘玉珍　陈思蓉　王陈豪　著

东方出版中心

图书在版编目（CIP）数据

超越投资误区：行为金融与投资心法 / 刘玉珍，陈思蓉，王陈豪著. —上海：东方出版中心，2021.8（2022.7重印）
ISBN 978-7-5473-1869-0

Ⅰ. ①超… Ⅱ. ①刘… ②陈… ③王… Ⅲ. ①金融行为－研究 Ⅳ. ①F830.2

中国版本图书馆CIP数据核字（2021）第139295号

超越投资误区：行为金融与投资心法

著　　者　刘玉珍　陈思蓉　王陈豪
策　　划　郑纳新　江彦懿
责任编辑　韦晨晔　江彦懿
封面设计　人马艺术设计 · 储平

出版发行　东方出版中心
地　　址　上海市仙霞路345号
邮政编码　200336
电　　话　021-62417400
印 刷 者　上海盛通时代印刷有限公司

开　　本　890mm × 1240mm　1/32
印　　张　8.375
插　　页　2
字　　数　160千字
版　　次　2021年9月第1版
印　　次　2022年7月第2次印刷
定　　价　78.00元

作 者 简 介

刘玉珍

现任北京大学光华管理学院金融学教授、博士生导师，北京大学金融发展研究中心主任，曾任金融系主任，金融硕士项目主任。她曾获“中国金融研究杰出贡献奖”，首届“孙冶方金融创新奖”，教育部高等学校科学研究优秀成果奖等多项荣誉。

目前已在国际顶尖学术期刊 *Journal of Financial Economics*、*Review of Financial Studies*、*Management Science*、*Journal of Financial and Quantitative Analysis*、*Review of Asset Pricing Studies*、《经济研究》《管理世界》《经济学季刊》《金融研究》等发表数十篇中英文重要学术论文。论文还曾被诺贝尔奖获得者丹尼尔·卡内曼（Daniel Kahneman）教授在《经济学人》杂志上撰文推荐，《商业周刊》等隆重推荐阅读。

刘玉珍教授凭借在行为金融和证券市场制度设计领域的卓越成果，长期参与监管制度咨询与研究，包括“光大证券乌龙指事件”，高频交易行为研究等国内资本市场重要制度评估。曾受邀到中国证监会、上海证券交易所、中国金融期货交易所、深圳交易所、最高人民法院、中国银保监会等部门参与监管法规的制定与咨询。同时，在投资者行为分析、投资者教育解决方案与金融科技赋能理财咨询方面，积累了丰富、落地的政策及实务经验。刘教授还兼任上海证券交易所学术委员，曾任证监会、中金所等博士后工作站导师，上交所高级金融专家，证券公司独立董事。

陈思蓉

任职于跨国银行近 20 年，为高净值个人（HNWI）和超高净值个人（UHNWI）提供理财顾问服务，第一手观察他们开创事业的胆识毅力、管理财富的独特视角以及经营富足人生的智慧；见证过一路狂飙，随后顷刻崩跌的市场，着迷于驱动市场的根基法则、资金力量与人性角力。目前就读于北京大学及香港大学联合开设的工商管理学博士（DBA）课程。

王陈豪

北京大学光华管理学院金融系博士生，中央财经大学金融专业经济学学士；曾获国家奖学金、优秀科研奖、“经叔平”奖学金等荣誉，主要从事财富管理、行为金融和公司金融等领域的研究，论文发表于《金融研究》《会计研究》等核心期刊，曾参与多项国家自然科学基金项目，参与编写《中国上市公司质量评价报告》。

目 录

序　言

做时间的朋友，做聪明的投资者

与刘玉珍教授的相识源自两年前的一个偶然，当时的她在一场活动中畅谈金融科技下一个十年的发展趋势，在分享中她提到金融科技与财富顾问的密切关联以及投资者教育的重要性。正是这样不谋而合的观点，让我与刘教授相见恨晚。

作为一名基金业老兵，在长期的业务实践中，我逐渐意识到“基金赚钱，基民不赚钱”的问题。究竟为何如此呢？2021 年，我与润米咨询的刘润总在上海相见并深聊。润总也替粉丝问了我这个问题，我的回答是“人性的弱点和行业的痼疾”。刘教授恰恰在本书中从行为金融的视角对此做出了全面而深刻的解答。

本书按“投资启蒙-理财咨询-金融科技”三大篇章顺序，循序渐进地为财富管理从业者和个人投资者带来认知突破。本书不仅仅是学术科研的成果，更融合了实践经验，极具指导意义。

刘教授在第一篇“投资启蒙”第 2 章中谈到投资者常见的行为偏误，将其分为情绪型偏误和认知型偏误两类。情绪型偏误指的是人受情感或情绪影响产生的偏误，包括损失厌恶、过度自信、后悔厌恶等。这类偏误通常源自人们的性格，因此往往较难纠正。投资者必须自觉依靠自我反思来逐渐修正。

而认知型偏误指的是个体认知缺陷造成的行为偏误，包括证实偏差、投影偏差、框架效应等。这类偏误可以通过营造更好的信息决策环境、提供理财咨询与建议、提供投资者教育等方式进行修正。

这一理论并非空穴来风，根据国外大型资产管理机构罗素（Russell）的估算，在优秀的理财师为客户带来的3.75%的回报里，因对投资者行为偏误进行指导而带来的收益即高达2.1%。

换句话说：在市场出现巨大波动、投资者容易受到恐惧和贪婪等情绪主导的时候，理财顾问往往可以创造更多的价值。

我们再来看看财富管理业务上的例子：刘教授在第二篇“理财咨询”第4章中按照行为金融学的框架，将其分为至简投资和个性化需求两类。

至简投资指的是理财机构要挖掘和理解投资者的非理性投资心理，从而简化投资方式。而人们的非理性投资心理有三种，一是追求简单，希望将投资决策简单化；二是追求安全感，不希望投资威胁到本金的安全；三是追求确定性，希望降低收益的波动性。至简投资的思路可以很好地满足人们投资时的非理性心理，并提供有价值的参考。

个性化需求，指的是应用行为金融学，可以有效帮助投资者解决困难、实现个人目标、提高购买力、减少波动性，使得金融服务简单易懂。

将至简投资和个性化需求两种思路相结合,也是我一直以来的心得。

理财服务一方面要将复杂的金融产品用易懂的极简方式交付给普通投资者,另一方面,也要运用最新的信息技术为投资者提供高度个性化的定制服务。正是在行为金融学的影响之下,盈米基金提出了重要的“四笔钱”框架和“三分投、七分顾”的投资理念,包括深化的“1 对 1”个性化服务。

除了对心理与行为的剖析,刘教授还提到了最为重要的投资者教育,从投资者人格特征与风险偏好出发,通过不断的投资行为的纠偏来提高投资者的认知水平。这与我多年从业心得不谋而合。在盈米基金这几年的实践中,我已经发现“基金投顾必然是投教先行”。

这是一项系统化的长期工程,是“九年义务教育”而不是“学前班”。正如刘教授在书中所说:要让普通投资者理解投资背后的逻辑,帮助他们建立科学、理性的投资预期,不断提升金融素养。

数年前,我在基金公司工作时,我的老板曾经问我:“肖雯,我在咱们自己的 APP 上买 200 万的基金,但买完后什么信息也没有,我不知道钱去了哪里,究竟成功了没有,可是我从淘宝买一个台灯,买完后打包及物流的每一步都是清清楚楚的。”(基金的交易规则是“T+1”,所以“T+1”日后才能显示买到的份额。)

这个问题给我带来了极大的触动,让我从此更加关注科技如何提升用户体验。本书第三篇讲述的正是金融科技在财富管理行业的应用及前景，并对智能理财行业发展进行了展望。

最后，我也希望刘教授的这本书可以直接帮助更多的投资者掌握投资心法。其实，人做出的每一次选择，都是由每一个人的底层逻辑决定的。投资者需要做的，就是识别投资决策中那些扰人的“噪声”，避开投资误区，做时间的朋友，做聪明的投资者。

盈米基金创始人兼 CEO　肖雯

前　言

我与行为金融学的缘分，来自个人在研究与教书生涯中的耳濡目染与点点滴滴的经验累积。经历了 1998 年亚洲金融危机、2000 年互联网泡沫、2008 年次贷危机、2015 年 A 股的跌宕起伏，散户在投资过程中的浮沉与跌宕，挫败与欢喜，我感同身受。

在 30 多年的从教的岁月里，我一直致力于研究如何促进资本市场健康发展，多年来不断通过学术论文、政策咨询与教学工作强调投资人保护与教育的重要性，提倡行为金融学对个人与投资财富管理的必要性。多年的课堂讲授让我感受到，即使在高知识人群中也常常有不理性的现象。几十人的课堂讲授，对于普及投资者教育实在是杯水车薪，这便促使我编写了这本书。我希望更多的投资者可以通过行为金融学的知识，检视自身投资行为，减少在投资过程中的遗憾。

行为金融与投资者教育

早期的金融学者大多笃信市场效率假说，认为每个参与市场的投资者都是完全理性的。全球金融海啸洗礼过后，许多人目睹了投资者的热情和疯狂，人们才逐渐认识到了金融市场的非理性。此后，丹尼尔·卡内曼等几位行为金融学家，陆续获得诺贝尔经济学奖，一股行为金融学研究热潮席卷而来。

行为金融学是一门以感受投资者情绪、体悟投资者行为为要义的学科。它将心理学中的行为科学理论融入金融学，研究并分析人的心理偏差和决策过程。学习行为金融学，有助于我们在金融决策中发现并减少情绪化反应、理解并应对市场波动、制定并实现投资目标。行为金融既可以通过一些简单易行的投资心法，让散户更好地建立自己的投资逻辑与投资纪律，也可以运用在理财咨询过程中，帮助财富管理机构更好地服务客户。

传统投资者教育以普及金融知识和法律法规为主。“投资要做资产配置，所有鸡蛋不要放在一个篮子里”，这个道理大家都懂。然而散户容易受心理和情绪的影响，实践起来很难。价值投资是典型的投资名言，绝对不会过时。但每个人对价值投资的理解却是相当复杂的事情。加入以行为金融为导向的投资者教育方案，可以帮助个人投资者克服交易中的行为偏误。因此，行为金融成为投资者保护与教育工作的第一线。

个人理财的投资心法

为什么散户总被“割韭菜”，却还有那么多人炒股？很多散户很爱学习，也学了很多炒股方法，可是为什么还摆脱不了被“割韭菜”的命运？散户的投资业绩到底有多差？

我与合作者发表于国际顶级期刊《金融评论》的研究发现，平均而言，散户买入的股票，月收益率比其卖出的股票低约4%。在散户的亏损中，有约63%源于交易税费和佣金，27%可归因于选股能力较差，其余10%来自错误的市场择时。总体而言，股市个人投资者短线操作、追涨杀跌等交易现象比较突出，投资缺乏理性，存在比较明显的行为偏误。

市场中的投资者形形色色，成败悲欢各不相同。一些投资人喜欢把投资股市当成娱乐，自信满满，频繁交易，短线操作，追涨杀跌，承担巨额交易成本却乐此不疲。一些投资人喜欢把证券投资比作赌博，希望以较小的投资撬动高额的回报。然而实际上，这类股票的后续表现往往更差。还有一些投资者患得患失，在买卖时点的选择上缺乏投资纪律。过早卖出赢利的股票，但对于账面亏损特别是大额亏损的股票，却不愿意及时止损，抱有未来能够回本甚至赢利的幻想。作为全球最大的散户市场，中国股市中，数不清的故事正在不停上演。借助行为金融的知识，复盘投资经验，深入剖析投资行为惯性与偏误，可以弥补散户投资中的许多遗憾。

为什么有人理财总是成功，有人却总是不断重复错误路线呢？本书依据长年观察的投资成功人士案例，理解他们的思维模式，以个案方式分享他们的实战经验。本书也进一步将个人经验与专业知识相结合，列举十大行为偏误，供读者参考。

理财顾问的管家秘籍

中国财富管理市场正在发展的拐点上。在数十年不凡的经济发展历程中，民众创造与积累了大量的财富，财富管理格局也发生了重大变革。有人把钱存在银行，更多的人对于理财产品和服务展现出了火热的需求。互联网、数字化经济与人工智能的迅速发展与普及，使专业的理财顾问可以更加低成本、更有效率地服务广大投资者。

我国理财咨询行业的发展还处于起步阶段。过去国内的理财咨询多注重产品推介。在这个快速发展的行业中，如果理财顾问没有足够的产品知识训练，没有全盘理解客户理财需求的实际经验，甚或屈服于业绩压力而强迫推销，则容易与客户产生争端。

另一方面，在信息网络发达透明的今天，面对太多莫衷一是的理财信息，个人投资者经常迷失在产品介绍之中。投资者的焦虑与纠结正从如何选股、如何选基金延伸到如何选择投资产品和理财顾问。投资者的需求和特征并非一成不变或始终如一的。理财顾问需要比投资者更了解投资者的需求，这是理财咨询行业的制胜法宝。

本书以行为金融为核心，为解决财富管理实践中的诸多问题提供思路与落地方案。比如，投资人对风险的认识与预期，并不是简单的风险调查问卷可以描绘出来的。精细化、个性化的服务是未来彰显财富管理品质和决定理财服务成败的关键。理财顾问必须洞悉客户的投资性格、了解客户当下的投资心理，才能提供专属定制的理财咨询服务,为所服务的客户与理财机构增加价值。

本书关于财富管理行业的介绍,将帮助有志在此行业发光发热的理财顾问成为“好管家”,帮助有理财咨询需求的投资者明辨、慎选理财之路上长期的好伙伴,还将助力国内的金融机构,在合规与高度竞争的环境中,确定自己的战略位置,将财富管理事业做稳做长、做大做强。

此外,本书也对金融科技进行了一些简单介绍。传统资产组合理论下的资产配置建议不一定适合散户客户,定制程度低。智能投资顾问的黑箱式配置过程难建立客户信任感,转化率与客户黏性低。金融科技不但可以提高效率,更可以下沉私人银行的理财咨询服务,以更科学、更系统的方法,提供量身定制的理财咨询服务。在服务和咨询的过程中嵌入投资者教育,能让投资者更从容地进行资产配置,减少投资的损失,增进投资幸福感。

本书的价值

投资人的决策往往是经验式的思考过程,教科书方式的学习效果相当有限。本书倡导在投资者教育中,先用科学方法与理性的逻辑理解投资人行为,然后以遵循经验法则的互动教育方式,从行为金融的视角为投资人提出理财咨询的解决方案。本书与其他行为金融教科书的差异,主要体现在:一、本书将行为金融的理论转化为切实可行的投资心法与理财咨询模式,帮助投资者建立适合自己的投资心法；二、本书通过国际与国内各种实战案例，分析投资人面临的挑战与困惑，进而针对各种不同的行为偏误，提供经验法则。

市面上许多财富管理书籍，更多从金融机构视角来描绘财富管理市场及其发展蓝图。本书首先侧重让读者理解在整个投资过程中投资者个人可能面临的问题，将心比心，为投资者个人和理财咨询机构提供解决方案。其次，本书提供大量结合行为金融的案例，探讨财富管理在新时代面临的机遇与挑战。最后，通过金融科技赋能，我们也提出了幸福财富的方程式。

通过通俗易懂的方法，本书更进一步把行为金融的知识体系落地于实践，以经验分享的方式来传播行为金融学知识。读者只要翻开这本书，就可以很快领会到学术之美，洞悉金融投资中人的行为的一些秘密。本书的每一章都能带给读者一些不同的收获。

投资心法并无一定之规。本书首先是投资启蒙篇，结合案例介绍了行为金融学的基础理论，然后深入浅出地讨论了散户常见的行为偏误，并分析了情绪与认知如何影响最终投资决策。我们期望能够帮助读者看清人们在投资过程中，容易陷入的盲点和误区，增进对自身的了解，为形成适合自己的投资风格打下良好基础。

其次是理财咨询篇。本篇从中国财富管理业务发展现状出发，深入分析了当前财富管理业务转型的困境与解决思路。作者还为财富管理相关人士提供了行为金融学导向的财富管理框架，以及针对未来中国财富管理模式的整体构想。希望在增进广大投资者对财富管理业务信任的同时,助推财富管理业务在中国的转型与升级。“工欲善其事,必先利其器”,本书详细说明了财富顾问如何通过向客户提供投资需求分析、投资目标规划、投资方案制定和投资状况评估等一系列理财服务,为客户打造量身定制的理财方案,提升客户满意度与幸福感。

最后是金融科技篇。本篇介绍了基于大数据分析技术开展的投资者决策行为研究及其在金融科技中的发展与应用。科技是双刃剑,金融科技的运用可以使金融决策更加科学化、精细化和人性化,但也给投资者保护与金融监管提出了更多挑战。我们希望能帮助投资者增加对金融科技的理解与认知,学习接受科技对财富管理的改变,在科技带来的飞速变化中保护好自身权益。

通过本书所提供的“理财自救法”,投资者可以排除大脑中的投资执念,建立良好的投资心法;理财顾问可以看透与改善客户的心理偏误;同时,政府机构可以将提高投资能力作为社会经济政策的倡议方案,协助改善普罗大众投资的福祉。

本书的完成离不开诸多老师、朋友与同学的帮助。首先感谢从教30余年来的诸多良师益友在学术上对我的支持与鼓励,许许多多的恩惠,点点滴滴在心头。本书的写作直接得益于北京大学光华管理学院的许多同事的帮助,同时也离不开多年来国内外学者与金融界朋友对我的支持。需要感谢的人太多,难以一一言谢。此外,本书的出版离不开德意志银行中国总行副行长彭彦杰先生的宝贵建议与指导，也离不开杜君、崔艺罗、雷阳、程兰、程惇亚、孟佶贤、赵驰晖、张辰铭等同学在课件整理、资料搜集过程所付出的努力。最后，我也特别感谢东方出版中心总编辑郑纳新，编辑江彦懿和韦晨晔等老师对本书的关注与修正。本书仓促出版，有许多错误与不足，敬请读者批评指正。

刘玉珍

2021 年 5 月 17 日于燕园

投资启蒙篇

第1章 | 投资，从了解人性开始

你是否有关于钱的烦恼呢？有些人热衷于拥有金钱，以为拥有的金钱必定是数量越多越好；还有些人总是苦苦追求财富，以为生活不如意是因为财富还不够多。钱不够固然令人愁苦，钱多也有钱多的烦恼！其实，真正限制人生财富的，不是金钱的数量，而是关于财富的思维模式。投资理财的目的，是要达到“不为钱愁苦烦恼”，实现真正幸福美好的人生。

市场中的理财工具琳琅满目，投资信息也五花八门。普通大众虽然很容易接触，却往往只见树木不见森林，不得其门而入。许多人在投资理财的路上磕磕绊绊，不是因为理财工具不足、投资信息不够，而是因为投资理财的思想根基不足，不自知地不断重复着带有偏误的行为，使得投资亏的多、赚的少。

很多投资者非常关注互联网与各种“股吧”（Blogs）的投资信息，近年来全球股市波动也深受各种媒体信息的影响。2021年1月，由于社群言论引发金融市场散户“抱团”，一起买入被做空的美国视频游戏零售商 GameStop（GME）公司股票，股价随之暴涨，逼迫做空的一方不得不在短期内回补空仓，并且最终亏损出场。这是前所未见的散户“逼空”金融大鳄的故事，一时间成为国内外财经媒体上最引人关注的焦点。该股票在短短 11 个交易日内涨幅达到了 2 321%，随后大幅下跌。这一事件反映了互联网社交平台的发展对投资人尤其是散户的情绪与心理所造成的影响。社交媒体信息在市场上容易放大“羊群效应”，加剧市场波动，也有可能影响散户情绪，造成个人大量地过度交易[1]。

投资与人性密不可分。市场的趋势源于投资者对未来的判断，建立在对历史的总结之上。因此，理解驱动市场的投资者心理，反思个人的投资思维与行为逻辑，优化资产生财模式，进一步提高投资的胜算，就显得特别重要。新的思维往往带来新的成长，本章从个人投资者常见的行为偏误出发，植根于展望理论延伸的行为特点，帮助读者初步掌握行为金融学中常见的行为偏误，包括处置效应、过度自信、投机偏好等等。我们将带领读者初探人性如何影响投资决策，了解得失变化中的微妙心理，继而帮助读者在输赢之间做出理性选择，做好财富规划并享受幸福人生。

很多股民其实很努力，会积极参加线上或线下的各种理财课程，学习金融投资知识。但是为什么一直赚不到钱？没有得到正确的反馈就是其中一个重要的原因。投资之所以难，就是因为股市的反馈

[1] JIAO P, VEIGA A, WALTHER A. Social media, news media and the stock market[J]. Journal of economic behavior and organization, 2020, 176: 63－90.

虽然即时，但总是相当模糊，以至于散户常常处在非理性的学习过程中。茫茫股海里，散户很难了解股票的真正价值。投资赚钱了，很多时候是因为听了某某人的意见，运气使然。有时，股民下了好大功夫，才做出投资决定，最终却无功而返！近些年来，国内许多金融机构开始陆续提供金融知识教育服务。但是，投资者要想在股市里持续赚钱，除了理解金融市场与产品的基本知识外，还必须努力反省自身投资行为，不断地学习，随时通过良好的反馈来修正自己的投资行为偏误。

本书可以作为投资练习旅程的导航，带领与提醒投资者进行投资反思，提升投资能力，减少理财中的行为偏误。市场上可以参考的投资书籍种类繁多，行为金融学是金融学与心理学的结合，本书从行为金融学理论基础出发，结合理财咨询实务经验，为投资者提供简单易行的投资心得、建立良好有效的投资习惯。

每个人都有自己鲜明的个性特征，也拥有不同的投资经历，对待风险有不同的感知与判断，投资方式自然也因人而异。投资心法并无一定之规，多年的接触，让笔者感受到成功的投资者，各有各的成功。有的人富有远见卓识，能看得很远，敢于重仓，在市场波动中不为所动，坚持自己的观点。他们的投资方式也极具浪漫主义色彩，险象环生却总能化险为夷。有的人沉稳聪慧，在投资过程中稳扎稳打，步步为营。他们能不断依据市场信息调整仓位，在错误中学习，更替演进自己的投资逻辑。聪明的读者，你的选择呢？

第 1 讲
聪明人，笨投资？

什么才是好的投资方法？金融市场能人辈出，各有各的理论，各有各的绝招，你方唱罢我登场，好不热闹。近年来，因重仓马斯克和比特币而被封为“牛市女皇”的方舟投资（Ark Invest）管理人凯瑟琳·伍德（Catherine Wood），无惧于新冠肺炎疫情，使得方舟投资管理公司（ARK Investment Management）的资产管理规模暴涨了 11 倍，5 只交易型开放式指数基金中，上市满 5 年的 4 只平均年化回报率达到了 37%，打败了绝大部分同类产品，受到了全球投资界的追捧。然而，随着 2021 年第一季度美股大跌，方舟基金也跌了 20%。同样地，查理·芒格对于投资的理解，尤其在投资中国市场、价值投资、低利率等多个领域的看法，也深受投资者的重视。

即使聪明如查理·芒格也主张价值投资，他认为投资者要“更加理智，不要别人买入你也跟风买入，因为这是在赌博”，“遇到好公司的时候，如果价格太高，就并不是一个好的投资”。行为金融学知识的学习，能够帮助我们了解到一些行为习性，更好地避免投资陷阱，让自己的努力成果可以得到更好的积累。如果投资失败的经验可以带来启示的话，我们会发现，长期的投资成功不是偶然随机发生的，也未必与个人的聪明才智完全相关。古今中外许多赫赫有名的聪明人，却做出事后看来十分愚蠢的“笨投资”。

发现万有引力的牛顿，是物理、数学、天文学、自然哲学等多重知识领域的开创者，还主持过英国的货币重铸工作，发明了硬币外围的刻纹，改善并稳定了硬币的成色，杜绝了仿冒伪造。他既在大学任教，又是英国皇家学会会长和法国科学院的会员，还受封为爵士，有着十分精彩的人生经历。那么，牛顿的投资表现好吗？1720 年，牛顿投资南海公司（South Sea Company）的股票，这是当时英国最红火的投资项目，在尝到暴涨两倍的甜头之后卖出，股票却戏剧化地继续飙涨。在难敌自己贪婪欲望的情况下，他再度进场，高档追货。在这位旷世天才年近 80 的时候，泡沫戏剧化地爆破，最后他以投资惨败收场。

对于这段令人后悔不已的痛苦经历，牛顿曾无奈地说：“我可以计算出天体运行的轨迹，却计算不出人性的疯狂。”（“I can calculate the motions of the heavenly bodies, but not the madness of people.”）每次投机过程中，“这次不一样”，或许对贪婪的投资者而言，是代价最昂贵的一句话。

拓展

投资者历史表现

无论在权益市场、共同基金市场，还是固定收益证券市场，投资者的表现均显著不如市场表现。这在很大程度上是非理性投资的结果。1926 年至今，美国标普 500 指数的年回报率达到 9.7%。然而同期投资者的表现，却远低于市场平均水平。投资者表现不如市场的主要原因，是交易过于频繁、投资时期短，以至于不能实现预期的收益。

在共同基金市场上也有类似的现象。2000—2009 年间，美国股权基金市场上表现的年化收益率为 17.9%，而投资者的平均年收益率却为-10.8%。基民表现差，大多是因为在基金收益较高时大量买入，当基金收益下滑时大量卖出。这是非理性投资的又一表现。

投资者经常会问：同一个人，管理别人的投资跟管理自己的投资相比，为什么收益差别很大？答案是情绪与纪律的影响。人们在为他人做决策时更加理性，能够相对有效地避免个人情绪对决策的影响[1]。机构投资者通常设有止损间隔、预警线、仓位控制等指标，可以较好地辅助止损，而在操作自己账户的时候比较难做到。管别人的钱和管自己的钱，终究是不同的。理财顾问也经常纳闷：为什么不同的客户在采纳同样一套建议后，有人总是亏钱，而有人总是胜出，难道投资赚钱真的靠的是与生俱来的财运吗？究其原因，人们对投资与财富的思维模式不同。就像在运动竞赛中，当每个人的技巧、体能都十分相近的时候，运动员的心理素质就成了决定成败的关键。

[1] ZHANG X, LIU Y, CHEN X, et al. Decisions for others are less risk-averse in the gain frame and less risk-seeking in the loss frame than decisions for the self. Frontiers in psychology, 2017, 8(1601): 1-10.

人的思维模式有很强的穿透力，在人生旅程中，处理财富的智慧也会层层堆叠。结合行为金融学方面的知识，投资者可以不断地汲取思维的养分，在每次实际的买进、持有、卖出的决策过程中，逐渐提升自己的理财素养，为自己量身定制财富的幸福蓝图。观察显示，长期成功的投资者，都有一种系统性的关于理财的内在能力。这未必与学历、年纪、性别直接相关，而与**终生学习的态度、纵观全局的觉察和深度思考的习惯**有关，值得花时间与心力培养。

运用心理学，投资人可以从理财素养与行为金融汲取思维的养分，在每次实际的买进、持有、卖出的决策过程中逐步调整，为自己量身制作出财富的幸福蓝图。借助行为金融学的研究成果，生在现代的我们，得以“站在巨人的肩膀上”，理解和运用投资中的“人性”。个体错综复杂的观点、经验、心态，都会不同程度地反映在行为上，然而有时并不自知。读者不妨回顾一下自己的投资经验，在选择投入一笔资金，评估回报与风险的过程中，你是否能够分辨自己究竟是在赌博、投机，还是在投资呢？

赌博，是在较小范畴的纯粹概率游戏之中博盈亏，如投骰子，输赢立见，因此赌博者特别在意运气。**投机**，是在较大范畴的市场，寻找买低卖高的获利机会；对投机者而言，价格的波动代表着机会。因此，投机者愿意花费心血，专注于短期之内的价格大波动，并采取果断行动。他们特别偏好以小博大，期待能够快速获利。**投资**，则是在更大范畴的市场以及更长的时间内，通过调理资本产生各种不同形式的获利，包括收取利息与股息。因此，投资者比较重视运用系统性的逻辑章法，来获取长期稳健的盈利。

有趣的是，很少有纯粹的投机者或投资者，这些心态或多或少都会出现在同一个体上。同样的你，有时候愿意像农夫一样静待收成，有的时候却喜欢像猎人一样捕捉机会。你可能既是投资者，也是投机者，有时审时度势，有时却会赌一把，投资策略和投资风格并非一成不变。有时你会过度悲观、自己吓自己，有时过度乐观，有时反应不足，有时反应过度，有时道听途说，有时则糊里糊涂地跟着别人行动……这些行为都有可能造成不少损失，诚如巴菲特所说：“**风险来自不知道自己在做些什么**。”

至此，相信读者已经可以窥见，行为金融学不仅在学术上具有开拓性，而且能够深刻地描述我们在投资中的各种行为和心理，在实际投资中务实好用。行为金融学发展了系统性的科学方法，将这些层层堆叠的“思维模式”抽丝剥茧。除了正确的理财“心态”，我们也需要做出强健的理财“姿态”，为进入错综复杂的投资实战做好准备。我们将在下一章，敲开行为金融学的大门，通过案例，了解投资者在实战中存在的一系列问题。

第 2 讲
不懂行为金融学？可亏大了！

驱动市场的也许是货币的力量，而驱动金钱走向的，则是人性的贪婪与焦虑。行为偏误会不会使投资人蒙受损失呢？

行为金融学是将心理学中的行为科学理论融入金融学的一门前沿学科，是务实好用的学问，也是一门处在学术前沿的学科。行为金融学家透过计量与科学方法，捕捉了投资市场中的人性，并且衡量出不同行为对投资盈亏的影响。

为什么心理学有这么大的魔力和魅力呢？这是因为人们在投资时，做出的选择未必是理性的。传统的金融理论假定投资者是理性的，理性投资者能够掌握全面的信息，做出最优的决策，在保持风险一定的同时，构建收益最大化的投资组合。然而在现实中，很少存在这样的理性人。人有情感，有偏好，有知识的边界和信息的限制，所做的各种决定也往往带着几分感性，有自利心，却也有维护社会公平正义的公益心。人们的行为或态度，经常会偏离这些理性假设，这种偏离理性的行为，我们称之为投资的“行为偏误”。

投资好比赌马，必须有对赌思维，或者说，概率思维。投资者寻找的是概率不对称的情况，也就是找标错赔率的赌局，这就是投资的本质。你必须拥有足够多的金融与产业知识，才能知道赌局的赔率是不是标错了。理性的思维过程中，散户也会有感性的纠葛，尤其是在发生黑天鹅事件的时候。散户投资往往依赖过去的经验，存在特定的偏见，学习效果也不佳[1]。

非理性行为是一种普遍存在、具有系统偏离的现象，也有相应的科学方法能够加以验证。行为金融学家基于资本市场的实证研究发

[1] 安妮·杜克(Annie Duke). 对赌：信息不足时如何做出高明决策[M]. 北京：中信出版社，2018.

现，个人投资者普遍存在过度交易、处置效应、投机偏好和分散不足等行为偏误。这些行为偏误已经造成了不少损失，值得投资者认真反思并仔细审视。

过度交易

行为金融学家通过计算换手率，来度量散户在股市中的交易活跃程度。股票的平均换手率也称为周转率，等于一段时间内股票的成交量与流通（或发行）总股数的比值。美国个人投资者的换手率为每年 75%，其中最活跃的 20%的投资者换手率超过 250%[1]；我国 A 股市场的换手率每年高达 500%[2]。散户能有如此惊人的交易量，自然不可能是因为信息优势，而是因为过度自信[3]。

过度交易的投资者回报率往往更低。事实上，中国股市仅有 1%的投资者在扣除交易费用后能够获得净利润收入。绝大多数散户的资产往往在一次次交易中被削减大半[4]。便捷迅速的线上交易大

---

[1] BARBER B M., ODEAN T. Trading is hazardous to your wealth: The common stock investment performance of individual investors. Journal of finance, 2000, 55(2): 773 - 806.

[2] FRANKLIN A, Qian Jun, Qian Meijun. Law, finance, and economic growth in China. Journal of financial economics, 2005, 77(1): 57 - 116.

[3] BARBER B M., Lee Y T, Liu Y J, et al. Just how much do individual investors lose by trading. Review of financial studies, 2009, 22(2): 609 - 632.

[4] 李心丹，王冀宁，傅浩. 中国个体证券投资者交易行为的实证研究[J]. 经济研究, 2002 (11): 54 - 64.

大方便了投资者、使得单笔手续费变得十分低廉的同时，也进一步加重了过度交易的现象。原先能够赢利的个体投资者，尝到甜头后增加了自信；转换为线上交易后，伴随着市场信息的爆炸式增长，过度交易使得他们的账面收益逐渐降低至零附近，扣除交易成本后更是变成了亏损状态[1]。

处置效应

许多散户在亏损时，拒绝将账面浮动亏损变成实际亏损，迟迟不愿卖出股票及时止损[2]，总是继续持有并且希望能够回本；而在赢利时，则会特别害怕股票价格下跌，在回本后就早早地将手中的股票卖出，实现赢利。这种具有损失厌恶心理、倾向于持有亏损股票、卖出赢利股票的行为偏误，称为处置效应。

处置效应普遍存在于各国投资者中。散户投资者在亏损时偏好风险，不愿意出售亏损股票，在赢利时却变得厌恶风险，急忙卖出手中股票[3]。在美国，散户止盈的比例比止损的比例高出50%[4]；在芬兰，散户出售亏损股票的概率，明显低于出售赢利股票的概率。在

[1] BARBER B M., HUANG X, ODEAN T. Which factors matter to investors? Evidence from mutual fund flows. Review of financial studies, 2016, 29(10): 2601－2642.

[2] ODEAN T. Are investors reluctant to realize their losses? Journal of finance, 1998, 53(5): 1775－1798.

[3] 刘玉珍，徐鑫. 投资者教育：行为金融视角的文献综述. 2019，工作论文.

[4] ODEAN T. Are investors reluctant to realize their losses? Journal of finance, 1998, 53(5): 1775－1798.

中国，个人投资者买入的股票组合相比其卖出的股票组合，在未来一年的回报率低2.45%，散户止盈的比例比止损的比例高出60%。同时，散户出售赢利股票的意愿是出售亏损股票的4倍[1]。

投机与赌博偏好

中国A股市场具有较高的投机性，散户偏好波动较大的股票[2]，银行股等总市值较大、波动较小的股票则长期呈现"破净"状态（股票每股市场价格低于每股净资产价格的状态）。相比于机构投资者，个人投资者更加偏好"彩票型"股票。研究发现，受教育程度较低、资产较少、较为年轻的单身男性，持有此类股票的比例更高[3]。在中国，"彩票型"股票的年化收益率，至少比其他类型的股票低5%[4]。除了股票市场，投资者在衍生品市场中也表现出了类似的投机偏好。

赌博投资偏好会对投资者个人以及股票市场产生诸多不利影响。就投资者个人而言，将股市投资视为赌博的人，往往希望依靠运气一夜

---

[1] CHEN G, KIM K A., NOFSINGER J R., et al. Trading performance, disposition effect, overconfidence, representativeness bias, and experience of emerging market investors. Journal of behavioral decision making, 2007, 20: 425 - 451.

[2] 刘玉珍. 加强以行为金融为导向的投资者教育. 2019，工作论文.

[3] BARBER B M., ODEAN T. Boys will be boys: Gender, overconfidence, and common stock investment. Quarterly journal of economics, 2001, 116(1): 261 - 292.

[4] 郑振龙，孙清泉. 彩票类股票交易行为分析：来自中国股市场的证据[J]. 经济研究，2013(5): 128 - 140.

暴富,做出的投资决策信息支持不足,缺乏思考,追涨杀跌,起伏剧烈。短期内可能获得一定收益,但长期沉迷其间容易倾家荡产,甚至逼迫个人走上犯罪道路。就股票市场而言,投资赌博的风气可能加剧股票市场波动,频繁引发市场恐慌情绪,干扰资本市场的正常运转。

分散不足

我们常常说,不要把所有的鸡蛋放进同一个篮子里。通过设计配置比例进行分散投资,可以在维持收益水平的同时降低风险,或是在维持风险等级的情况下提高收益。然而在实际投资过程中,绝大部分个人投资者都未能进行分散投资。一方面,投资者持有的投资产品数量过少,导致投资组合分散水平较低[1];另一方面,投资者可能特别偏好自己熟悉的产品,导致投资组合中股票的关联性太高。以股票投资为例,散户往往持有很少数量的股票或忽视股票之间的相关性。调查发现,美国散户平均持有 4 只股票,持有数量远未达到分散化投资的要求。中国散户平均持有的股票数量仅为 2.6 只,分散化程度更低[2]。

---

[1] BARBER B M., ODEAN T. Trading is hazardous to your wealth: The common stock investment performance of individual investors. Journal of finance, 2000, 55(2): 773 - 806. BARBER B M., LEE Y T, LIU Y J, et al. Just how much do individual investors lose by trading. Review of financial studies, 2009, 22(2): 609 - 632.

[2] CHEN G M, KIM K A., NOFSINGER J R., et al. Trading performance, disposition effect, overconfidence, representativeness bias, and experience of emerging market investors. Journal of behavioral decision making, 2007, 20: 425 - 451.

个人投资者分散不足的主要原因，来自熟悉偏误和从众心理。人们总是更加愿意相信自己熟知的事物。例如，在选择股票时，散户倾向于过度投资本地股票或本公司股票。在选择股票买卖时点时，散户倾向于相信自己熟悉的集体的判断，产生从众心理，跟着自己认识的同事和朋友一起买进或卖出。当个体选择熟悉事物，选择跟随大众时，会产生一种虚幻的安全感。在缺乏足够信息的情况下，这种行为偏误表现得尤为严重。

如何进行分散化股权投资？我们建议投资者在所投资股票的行业、地域等方面进行分散，进而降低股票价格波动的相关性，以对冲相关的风险。交易行为的分散也经常容易被忽略。投资者在同一小段时期接收到的信息可能相当接近，因此，如果不是基于私有信息交易，在建构持仓时，除了应该留意分散价位，也应该留意分散时间点。

拓展

资产配置模式投资战略

有些专业的机构投资者和个人投资者，采取集中持股的投资战略。然而对于一般的个人投资者而言，所能够下的研究功夫并不足够。因此，还是以分散的投资组合为宜。

国际成熟市场中的财富管理行业机构多年来不断地鼓励个人投资者采用“资产配置模式（Portfolio Approach）”的投资战略。建议从整体资产配置的角度，建立中长期持有的核心组合（Core Portfolio），搭配较为短期的卫星组合

(Satellite Portfolio)。对于大部分投资者而言，这种战略能够建立足够分散的投资组合，也简单易行，避免太过复杂。

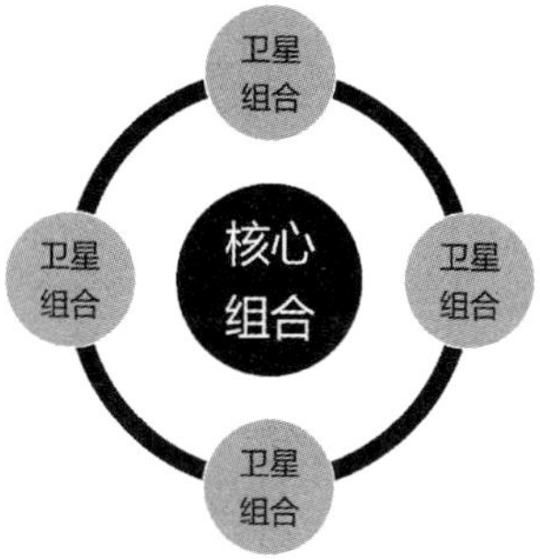

资产核心组合与卫星组合

核心组合主要考虑较为长期的经济周期循环，通常搭配成长股、长期收利息部位，成熟市场应占据较高比重。在循环转折的前后，调整核心配置以应对新的周期。例如，央行利率开始进入上升阶段后，核心组合的配置可以从固定利率调整为浮动利率，以便享受越来越高的收益。卫星组合则可能考虑如资源板块、医药板块、新兴市场等有数个月表现空间的项目，而后动态调整。

财富管理机构会适时地在投资者下单或定期回顾的时候，依照单一投资占整个投资组合的比例，提醒过度集中的风险。

整体来看，我国个人投资者存在的行为偏误，导致了投资回报率偏低。深圳证券交易所《2018 年度个人投资者状况调查报告》指出，中国散户投资者存在过度自信的比例约为 43.8%，存在处置效应的比例约为 39.0%，并且超过六成的散户没有明确的止损意识。

就像“盲人摸象”一样，由于观点不同、经验不同、心态不同，甚至氛围不同，人们可能采取不同的投资行为。人类行为有其复杂难解的一面，投资的思想根基建立在对人性理解的底蕴上。正是由于人们有不同的解读，采取不同的行为，有人认为某只个股的价值不止现在这个价钱，所以该买，有人则认为该卖，因此形成了市场。然而，没有人拥有预知未来的水晶球，没有人能够完全掌控全局。贪婪与恐惧心理，支配着追捧与抛售的行为，左右着资本市场的走势。

我们如何纠正这样的行为偏误，提高投资收益率呢？尤金·法马（Eugene F. Fama）基于理性假设，从市场效率的角度出发，构建了投资组合理论。罗伯特·席勒（Robert J. Shiller）则反其道而行之，基于认知心理学的理论，从非理性预测的角度出发，成功预言了美国楼市泡沫和互联网股市泡沫，构建了一套全新的金融理论体系，对世界产生了巨大影响。以尤金·法马为代表的市场效率派也承认，市场并非完全有效。但同时他们认为，无效率存在的时间很短。有的人对于信息过度反应，有的人则反应不足，最终个人的心理偏差将互相抵消，因此并不能给市场带来显著的影响。只有群体性的情绪（集体贪婪或者集体恐惧）才会导致羊群行为（Herding Behavior）和群体盲思（Groupthink）等异象的发生。

行为金融学的研究开启了一个崭新的领域，我们因此有了新的工具和新的视角，探索“为什么散户总是亏钱”“如何能够克服贪婪与恐惧”“在理财顾问的帮助下，长期是否更能够实现投资赢利”等问题。罗伯特·席勒在《非理性繁荣》一书中，描述了金融市场波动背后的心理根源，对1982年以来证券市场中的各种现象进行了全面分析，并成功预言了多次金融危机。自古以来，哲学家与文学家们探究了人性中的欲望纠葛，歌颂了爱情友情。**而在投资的领域中，最常出现的人性侧影，是贪婪与恐惧。**

第3讲
得与失的计较——展望理论

即使是本领高强的投资者，不论学习了多少金融知识，多么紧贴国内外经济情势，克服自己的心魔始终是投资旅程中最困难的事，因为投资最大的“敌人”正是自己。2013年诺贝尔经济学奖得主罗伯特·席勒教授曾经直言，全球93%的个人投资者从来没有在股市中赚过钱。除了缺乏信息之外，个人投资者还缺乏专业投资的纪律。而所谓专业投资的纪律，很大程度上就是指克服投资行为偏误的能力。

投资者常常有许多烦恼，也常常患得患失。赚了20%，该出场落袋为安吗？赔了10%，该止损，眼不见为净吗？现在如果卖出某只股票，会不会明天就大涨呢？该保留现金，等待最佳进场时机吗？真的非常看好某一个投资标的，要不要把全部身家都押下去呢？这些都是每个投资者不断问自己的问题。实际上，经历过投资风浪的人一定尝过甜头，也一定尝过苦头。在投资的世界里，有得必有失，只要赚钱的概率大些，金额高些，总体来看投资还是成功的。

在投资时，我们常常需要在获得确定的收益还是赌一把之间进行选择。有时候我们会觉得，见好就收更为妥当。在过去，投资者习惯于购买银行理财产品，或是债券、银行定期存款等低风险产品，认为确定的收益是更好的选择。而有的时候，投资者也会特别想赌一把，购买一些波动率较高的股票，或者到福利彩票站试试手气，进行各种各样的高风险投资。为什么我们时而想求安稳，时而又想冒险呢？在人们纷繁复杂的选择背后，是否具有相同的判断逻辑呢？

揭开行为的面纱，思索人们决策的共同根源，无疑是令人着迷的。经济学家们已经花费了数十年的时间，对投资行为进行了广泛的讨论和研究。希望通过接下来这个场景解读，读者们能在短时间内感受经济学家的思考过程和答案。

案例

假设小王手中有一笔闲钱，碰巧她的专属银行理财经理打电话来，说现在有两款理财产品可供选择：

A. 保本保息理财产品，投资后可以确定获得 15 000 元收益。

B. 保本不保息理财产品，投资后有 80%的可能性获得 20 000 元收益，20%的可能性没有收益。

两款理财产品在投资期限、管理人等其他方面的情况基本相同。根据上述差异，你会如何选择呢？

在回答之前，我们不妨先来看看理性人的选择。传统经济学家眼中的理性人是这样计算的：

A 选项的期望收益是 100%×15 000 元＝15 000 元；

B 选项的期望收益是 80%×20 000 元+20%×0 元=16 000 元。

显然，B 选项的期望收益大于 A 选项的期望收益，所以应该选择 B 选项。可在现实生活中，我们真的会这么计算吗？很多人似乎并不会去计算期望收益，也没有按照这一原则进行判断。行为经济学家招募了大量志愿者进行实验，结果发现，大多数人最终选择了 A 选项，并没有按照期望收益的原则进行选择。

如果会亏钱，选择又会如何呢？行为经济学家补充进行了一组实验：

A. 某产品，买入赔 15 000 元。

B. 另一产品，买入后有 80% 的可能性赔 20 000 元，20% 的可能性赔 0 元。

这两种产品在其他方面没有差异，志愿者必须在两个选项中选择。从期望收益的角度来看：

A 选项的期望收益是 100%×−15 000 元=−15 000 元；

B 选项的期望收益是 80%×−20 000 元+20%×0 元=−16 000 元。

显然，应该选择 A 选项以减少损失。但结果发现，这次大多数人选择了 B 选项。事情似乎变得越来越复杂了，当传统经济学家认为应该选择 B 选项的时候，大多数人却选择了 A 选项；当传统经济学家认为该选择 A 选项的时候，却发现大多数人又选择了 B 选项。传统经济学在预测上述行为中的失效,告诉了我们一个道理——大多数人都不是理性人,理性人的行为逻辑很难刻画复杂的人类行为模式。

展望理论

为了解释上述现象,行为经济学家提出了展望理论。展望理论又称为前景理论,由著名行为经济学家丹尼尔·卡内曼(Daniel Kahneman)和阿莫斯·特沃斯基(Amos Tversky)于 1979 年提出。他们将心理学的研究成果应用在经济学中,在不确定情况下的人为判断和决策方面的研究领域做出了突出贡献[1]。他们在期望效用理论的基础上进行了修正,对这些看似矛盾的选择做出了统一的解释,成为此后行为经济学的重要理论基石。丹尼尔·卡内曼 2002 年在《思考,快与慢》一书中对自己的学术生涯进行了总结,推荐对行为经济学早期发展历史感兴趣的读者阅读。

拓展

快思考与流量经济

2002 年,丹尼尔·卡内曼在《思考,快与慢》一书中指

[1] KAHNEMAN D, TVERSKY A. Prospect theory: An analysis of decision under risk daniel. Econometrica, 1979, 47(2): 263-292.

出，人们更倾向于采用经验式、直觉式的“快思考”模式，但这样的思考容易产生错误。近年来，短视频风靡全球，流量经济迅速崛起。人们娱乐和交际的主要渠道开始由线下转向线上，网络视频和网络短剧出现爆发式增长。短视频简单易懂，能够让观看者轻松地参与其中，正符合了“快思考”的特点。在流量经济的影响下，新的信息传递方式、思考方式不断冲击、改变着我们的消费和投资决策。例如，2021 年 3 月，美国散户抱团买进“游戏驿站(GME)”股票，上演了前所未有的散户逼空华尔街事件，导致多家做空该股票的对冲基金“缴械投降”。

展望理论指出，人们的得失判断，实际上取决于“参考点”，即得失是相对的，而非绝对的。例如减肥时，当我们以 50 千克为理想体重目标时，55 千克的体重未免令人沮丧。但当身边的朋友都长到 60 千克时，我们的参考点就发生了变化，55 千克的体重似乎并不太糟，甚至还暗自窃喜。

此外，人们对待“得”与“失”的态度并不一致。在前述两个实验中，受试者的参考点是“不投资，收益为 0 元”。在面临收益产生的“得”时，大多数人喜欢落袋为安，喜欢确定的收益所带来的快乐。在面临损失产生的“失”时，大多数人喜欢承担风险，希望赌一把，努力不让损失发生，而不愿意承担一个确定的亏损。根据展望理论，人们

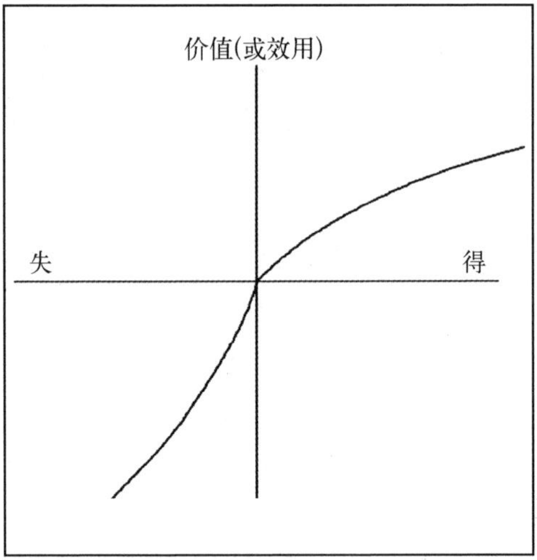

“得”与“失”的效用函数曲线

面对“得”与“失”的不同态度，使得人们在收益时，更倾向于打“安全牌”，锁定 15 000 元收入；而在损失时，更倾向于选择不确定性，不喜欢实实在在的 15 000 元损失。由此可见，一组在传统经济学中存在着矛盾的判断，在展望理论中得到了统一的解释。

展望理论所描绘的现象，在投资决策中极为常见。例如，在股市投资产生收益时，人们往往急于卖出自己手中的股票，尽快实现收益，表现出较高的风险厌恶倾向。但在亏损时，人们却不愿意将账户浮亏转化为实际亏损，往往做不到及时止损，表现出较高的风险偏好倾向。

有一个展望理论的直接测试非常有名。研究分析 1998 年 CBOT

美国国债期货市场专业交易员的交易与损失后,发现在上午损失(获利)增加的交易者,下午就会增加(减少)交易[1]。这一发现支持了展望理论,但是,展望理论有那么简单吗?关于人们在不同情况下如何做出决策,研究发现,人们在上午交易获利后,在下午的交易中就会承担过高的风险,支持了有关**私房钱效应**(House Money Effect)的观点,也就是说,先前的收益促使人们增加了风险寻求。

经济学假设中的理性人,能够合理计算和利用有限资源,为自己取得最大的效用或利润。但人们在做决策时,很多选择并不总是理性的。比如,对于饿了三天的乞丐来讲,得到吃的比得到一套名牌时装更开心——尽管用金钱价值来判断,名牌时装比一顿饭更值钱。在生活中,投资者未必总是能够清楚地实现所谓的经济逻辑理性的计算。因此,我们需要有系统性的方法,特别是在投资领域中,来思索人性。

有了展望理论的思想根基,投资者可以建立更多心理与投资决策的关联。举个例子,假如你是一个球迷,花了不少钱买了一张非常喜欢的球赛的门票。但在你准备去的时候,突然下起了大雨,路上能见度很低,而且路面积水严重,现在去看的话很容易发生危险。假设有一个和你一样的球迷,也准备去看这场比赛,也同样被大雨堵在了家里。但不同的是,他的门票是公司送的,请问这个时候,谁更有可

[1] LIU Y-J, TSAI C-L, WANG M-C, et al. Prior consequences and subsequent risk taking: New field evidence from the taiwan futures exchange. Management science, 2010, 56: 606-620.

能去看这场比赛？

调查发现，大部分自己买票的人会选择去看，而没有自己花钱买票的人多半选择不去看。从理性人假设的角度来看，那些几乎没有花任何成本就获得门票的人更应该去看比赛，但现实情况恰恰相反。原因在于，我们实现某种利益最大化时，如果遇到阻碍，**人们衡量的参考点就会发生改变**，即从关注收益变成关注成本。这里的成本就是沉没成本。

再举个例子，小丽非常喜欢一款单价 20 000 元的名牌包，但是由于价格比较贵，一直没有买。有一次这个包打折，便宜了 5 000 元，但小丽还是觉得贵，还是没买。过了一段时间，小丽过生日，她又想起了这个包，于是去那家店里看，发现这个包已经恢复了原价，但这次小丽竟然选择买下这个包。这个时候我们就会问：为什么小丽在打折的时候不买，反而在恢复原价的时候买了？要想解释这个问题，就要提到**“心理账户”**。

第一个心理账户：平常情况下，小丽的日常消费可能是 1 000 元，花 20 000 元买一个包未免太奢侈。第二个心理账户：过生日的时候，小丽想着一年只过一次生日，可不能算是日常消费，既然有喜欢的东西，为自己买一个生日礼物也不为过。可见，同样一件事情，当心理账户发生变化后，我们对应的决策也会发生变化。不难发现，人们很容易被已经付出的成本影响，也会习惯性地在不确定中寻求确定性，而相关的决策在不同的心理账户中又会发生变化。

不同于传统金融学，行为金融学理论认为人们并非完全理性，人们对事物的观点、信念是存在误差的,风险偏好也和传统金融学的假设大相径庭,导致所选择的方案并不总是最佳的。传统金融学理论依托理性人假设,建立有效市场假说等重要金融学理论,认为市场是有效的,人与人之间信息对称,人们理性决策,一切井然有序,是一门“优美”的学科。而行为金融学则是一门“实际经验”的学科,人们会出现各种各样的错误,市场也未必总是有效的,更好地解释了市场中频频发生的各种疯狂行为。

拓展

郁金香狂热案

在17世纪30年代的荷兰,郁金香球的价格飞速上涨,速度之快令投资者为之疯狂。一棵稀罕的极品郁金香球种,售价可能相当于阿姆斯特丹运河边的一幢豪宅。在这股狂热到达巅峰时,也就是1636至1637年的那个寒冬,交易商们聚在小酒馆中,疯狂地进行郁金香球的期货买卖。他们希望一夜之间,赚上比他们原先作为店主、艺术家或者卖苦力时,干上10年所赚的还要多得多的钱。

由于郁金香期货交易的参与者遵循的是“博傻投资理论”(Greater-fool Theory),也就是说,这些人以极高的投机性价格买进的前提是会有其他某些“蠢人”参与进来,愿意以更高价格买进。然而,投机狂潮不可能永远持续下去,事实也的确如此。在1637年2月的第一个星期二,价格停止了上升。随后，市场几乎在顷刻之间崩溃了。

行为金融学研究人们的心理和决策过程，能够更好地理解人们在实际投资中如何决策。人们对自己的处境难免有情绪化反应，熟悉行为金融学的理财顾问可以正确引导投资者，提高投资决策水平。通过了解他们的决策方式，帮助投资者避免诸多不理智行为，例如在市场底部过度惊慌时仓皇离场，或在市场顶部过度兴奋时冒险加仓等。2017 年诺贝尔经济学奖得主理查德·塞勒（Richard Thaler），在《助推》（*Nudge*）一书中介绍了行为经济学在公共政策领域的应用，帮助政府提升全体公民福利，许多理论和观点也可以进一步运用到提高投资者的自律上来。

思　考

- ✧ 过度交易的投资回报率往往更低。频频买卖或者不断换股，只会徒增交易成本。
- ✧ 投机偏好的个人投资者偏好“彩票型”股票，事实上“彩票型”股票的收益率反而较低。
- ✧ 你有透视人性的本领吗？越了解人性，对你的商业判断与投资成效是否越有帮助呢？

✧ 你的个股投资占整体投资的比例20%以上的情况有哪些呢？你如何评估这些过度集中仓位的风险呢？最坏的情况可能是什么呢？

✧ 人们面对“得”与“失”的参考点不同，面临收益时喜欢落袋为安，面临损失时却喜欢赌一把。以你最近的一笔投资为例，投资决策的参考点是什么呢？

第4讲

亏多赚少怎么办？——理性投资的正确操作

上课时，我常常问买股票的学生：“你是在交易还是在赌博？”研究发现，大多数个人投资者购买股票时带有“抽彩票”的特点——高度不稳定。很多故事听上去很不错，其实实现巨额收益的可能性很小。过度交易是否由赌博的投资者驱动？研究发现，引入赌博后，股票交易量减少了约四分之一。将彩票损失与股票市场交易损失进行比较后发现，彩票玩家的损失小于投资交易损失。如果只是因为喜欢赌博的快感，那么这些投资者应该购买彩票！[1]

---

[1] LEE Y-T, LIU Y-J, et al. Just how much do individual investors lose by trading? Review of financial studies, 2009, 22(2): 609-632.

2019年，在基金市场赚钱效应的影响下，投资的风险被大大弱化。很多投资者倾向于买过去曾短期赚钱的基金，认为过去赚钱的基金，明年的收益也充满希望，对赚钱总有过高的期待。其实，基金投资是一件长期的事，短期赚多少钱并不是最重要的，重要的是长期持有产生复利效果，从而拉开与固定存款的收益差距。然而，许多国家的投资市场中，散户往往没有真正赚到钱，也没能达到长期累积财富的目标。这究竟是为什么呢？该如何消除这些症结呢？本讲归纳了以下几个方面的因素：

风险意识薄弱怎么办？可以考虑这些方面

投机倾向是散户持股的重要特征之一，很多散户选择较多地持有中小盘股。这样的交易偏好，导致他们长期踩错市值风险因子，在大盘股有超越表现的时候反而持有中小盘股。近年来，投资机构大幅入市，更加剧了持有中小市值股票投资者的损失。相对而言，机构投资者特别重视大市值因子，也会灵活地根据市场变化，相应地调整中小股和大盘股的持仓比例，在合适的时间增持中小股股票。而散户的风险意识通常较为薄弱，较少在投资之前做足功课，较少完整地考虑各个风险面向。

风险的定义究竟是什么呢？传统投资理论偏重以数字计算得出的价格波动程度来衡量风险，虽然客观，但却不够直观，很难让散户投资者产生深刻的感触。事实上，一般散户可能也没有能力或时间进行这样的计算。

其实,在进行单一投资决策的时候,可以很简单地考虑以下几个方面:

1. 价格变动风险:某些投资者对于价格起伏波动很大的个股会觉得难以忍受。例如,新兴市场股票与中小盘股票通常价格波动较大,承受能力差的投资者,可能还没赚到钱就早早离场了。

2. 流动性风险:有些中小盘的股票平时交易量甚小,如果在市场有利好消息大量爆出,投资者头脑发热的情况下买了很多,却没有在市场交易量尚且充足的时候及时出场,一旦价格处于不利的水平时,就会交易困难,以至于不得不面临亏损的情况。

3. 利率风险:市场利率的走高,对某些投资项目有利,对某些投资项目则不利。因此,投资之前,应当考虑当下利率水平和改变的可能,以免遭受损失。

4. 汇率风险:如果投资涉及国外,那么便有可能存在外汇变动的风险。有时候赚了股价赔了汇率,总体而言未必划得来。

5. 发行者信用风险:有些投资项目是经过包装或者由某些机构发行的,便涉及发行机构可能会违约倒闭、无法交割、付不出本息等信用风险。投资者也可以再进一步,看这个项目是否拥有保证机构,万一出事靠山够不够硬等情况。

投资者根据以上几个常识性的判断,可以知道自己承受各方面风险的有感程度,总结思考**“这笔交易最坏的情况是什么”**,再整合可能带来的回报,考虑清楚“承担这样的风险,获得这样的回报究竟值不值得”。这样才好决定是否投入,并且拿捏适当投资的金额。

厌恶损失怎么办？调整心态

具有损失厌恶(Loss Aversion)心理的散户,不情愿在亏损时出售股票,因为这样将迫使他们兑现名义损失,同时也会在赢利时,因担心受损而过快地兑现收益。这样做会产生处置效应,即持有亏损投资过久(风险追逐行为)与过快卖出赢利投资(风险规避行为)。

究竟应该等到所有的消息都是利好时,才安心地把钱投入股市,还是等到都是利空时,才把钱投入股市？何时是最好的投资时机？很多投资者总是在错误的时机进出市场,净流入的资金总是在股价高位时达到高峰,而在股价低迷时枯竭。面对股市的繁荣与大跌,散户投资者的反应却总是惊人的一致：市场上涨时买进,市场下跌时卖出！

投资者进场的时机,充分说明了后悔厌恶行为,即避免采取决定性行为,这是因为害怕自己的选择被证明不如最优选择。这种心理会导致投资者过于保守,并在遭受一次损失后远离市场。许多散户往往在经历过股市危机后,伤心之余从此撤出股市,反而错失了股市反弹的大好契机。

总受波动影响？应把眼光放长远

散户在市场中具有短视性,容易受到市场短期波动的影响,忽视了投资的长远利益；追炒热门牛股，容易顾此失彼。这样的情形好比有些人开车，因为关注的焦点距离太近，容易左右颠簸摇晃。有经验的司机会建议抬头，将目光放在更远的500米之外，车子开起来便会平顺很多。

投资者也应该将目光放长远，通过延长投资周期来降低短期波动的风险。例如，投资期为1年以下时，股票的波动非常剧烈；将投资期间拉长超过一个经济周期（3—5年）时，投资股票市场容易获得正的平均收益；将投资期间拉长到30年，获得的收益更是显著高于债券。

投资者不妨想想，自己目光盯着的是某个特定时点的特定股价，还是一段时间内的股价趋势呢？就好比要准确预测"某天几点几分的温度会是多少"容易成功呢，还是赌"冬季的平均温度比夏季的平均温度来得低"赢面较大？将投资期间拉长不但成功率较高，而且还可以享受"利滚利"的复利（Compound Interest）效果。复利就如同滚雪球，一开始雪球变大的速度很缓慢，但越到后面越快。谁掌握了复利的魔法，谁就掌握了致富的秘密。

但在现实生活中，人们往往只顾当下，缺乏足够的耐心，以至于让复利的果实无声无息地溜走。"多一点耐心"说起来容易，做起来却难，因为这种要求是与人性相悖的。但如果想用复利的魔法点亮人生，必须有足够耐心。詹姆斯·蒙蒂尔（James Montier）指出，在一年的时间跨度内，投资所获收益的绝大部分来自估值的变化，这可能只是价格的随机波动。然而，在5年的时间跨度内，所获收益的

80%，将取决于所支付的价格以及所投资股票的增长。“这些是基本面投资者应该明白的东西，而这些显然只有在长期才重要。”

获得复利的第二个前提是，一定要控制好波动和回撤。投资的原理与此相似，亏损30%意味着接下来必须赚43%才能回本，如果亏损50%，则需要100%的涨幅才能弥补亏损[例如本金为100元，亏30%后剩余70元，需要赚43%(30÷70≈43%)后才能回本]。这谈何容易？所以亏钱容易赚钱难。

拓展

神奇的复利效果与七二法则

在金融市场快速发展的今天，大多数投资者对复利的概念并不陌生。复利是指本金产生利息后，在下一个计息周期内，本金及其所产生的利息产生更多的利息收入。资产规模在“利滚利”的作用下，滚雪球般越滚越大。

假设有100万元人民币，投资的年化收益率为10%。那么，第一年产生的利息是10万元，资产规模达到110万元；第二年产生的利息就上涨到11万元，资产累计上升到121万。以此类推，资产在第三、四、五年分别上升至133万元、146万元、161万元。若放眼于长远，利息滚动产生的收益总额，将远远高于初始本金。

那么，资产需要多久才能翻番呢？快速解答这一问题的诀窍是通用的“**七二法则**”，也就是用72除以年化收益率，即可迅速得到资产翻番所需的大致时间。例如，当年化收益率为10%时，用72除以10得到7.2，表明在复利状态下，资产翻番的时间大约为7.2年。精确计算得到，第七年时的本息之和约为194万元，与“七二法则”的估算结果非常接近。

如何提高市场效率

有效的投资市场应该公平无差别地将所有相关的信息传达到所有市场参与者的手中，这与金融市场的法规及其落实强度有关。一个成熟的市场中，参与者应有能力及时准确地分析相关信息，并通过买卖交易，按信息形成资产定价。能长期战胜市场的投资者，应该同时具备快速取得相关信息、准确分析相关信息这两项能力。

也就是说，有效的投资市场是一个环环相扣的生态系统。因此，笔者建议，在投资链中嵌入投资者教育，提升个人投资者的判断与行动能力，同时利用法规框架公平对待投资者。有知识、有警觉的投资者，加上促进性的框架，可以加速纠正市场的不平衡现象，增加市场应对冲击的能力，从而提高市场效率。

理性投资的正确操作

在市场非完全有效的情况下，散户其实很难保持理性。也难怪许多投资者觉得，要长期稳定地赚钱很难。事实上，在这样的市场当中，能够认知投资心理、采取不同行为的投资者，通常可以发掘到很大的获利空间。那么，投资者可以通过哪些途径来保持理性投资，远离行为偏误呢？

理性投资的正确操作，老办法是通过自我学习，随着成功与失败经验的增加，逐步认识到自己的行为偏误，慢慢地自我修正，改善投资收益。但是，一个人往往很难看出自身的缺点，改进效率过低，可能会付出过高的成本[1]。某些投资者总是坚持错误路线，甚至会加重行为偏误。由于股价往往含有噪声（Noise），投资者的自我学习效果也常常一般。因此，在自我学习的路上必须强化投资者咨询，不只要弥补金融基础知识，更必须搭配对行为金融的理解，来加强投资自律。

在金融科技的带动之下，智能理财工具发展十分迅速，在信息收集和处理上具备压倒性的优势，可以在极短的时间之内处理大量的信息，让投资者在弹指之间轻松完成交易。智能理财工具提供的信息相对比较客观，能够去除人为以及心理因素的影响，是帮助投资者

---

[1] BARBER B M., LEE Y-T, LIU Y-J, et al. Learn fast or slow? [J]. Review of asset pricing studies, 2020, 10(1): 61－93.

减少偏误的重要手段。智能理财工具可以协助开展分散化投资,运用良好的金融数据分析能力,将投资组合推进到相关性较低的产品上;同时具备熟练的资产配置能力,能够及时实现投资组合的再平衡持仓调整。而普通投资者难以具备这样的能力和技术。

除此之外,求助于内行,咨询值得信任的理财顾问,也是很好的选择。与普通投资者相比,理财顾问具有更好的金融专业素养,在信息解读与判断方面也更加精准,在波谲云诡的投资市场上,可以充当投资者的“军师”。专业的训练和丰富的投资经验,使得理财顾问更少受到行为偏误的影响,能够有效地帮助投资者减少决策错误。

案例

小方决定和老爹好好谈一谈:

“爸,您都已经退休,该享清福了。每天这么早起床,真的太辛苦了。现在有好多智能理财工具,可以提供公司的财务信息分析和最新发展。把价格、成本等数据输入之后,可以立马算出盈亏的情况;再进阶的,还能提供资产配置方面的建议。这么多交易进出,对账还得写在本子上。智能理财工具可以省时省力。还有啊,这么多只股票,咱们是不是找个专业可靠的理财顾问,帮您分析一下,比较省心呢?”

方老爹:“投资的世界无奇不有,得学习很多知识,我喜欢动脑筋学习。只是忙了老半天,结果还亏钱,也觉得这样挺累人的。”

“那智能工具，我可以试试。你说有些公司没救了，那是应该放手，清理一下这些持仓。但理财顾问就算比较专业，他们真的能懂我的心吗？会不会一直推销不适合的产品给我呢？”

案例中对理财顾问有所迟疑的老爹，也道出了许多投资者的心声。与专业可靠的理财顾问合作，的确有赖于彼此的深入理解与信赖。每个人的视角不同，知识范围也存在差异，对自己和对他人的认知并非总是一致的。这也正是我们与他人协同合作的好处，可以帮助我们认清自己，甚至激荡出新思维与新火花。

著名的乔哈里（Jo Hari）视窗，将我们的认知划分为四个象限，用来表示和研究人们彼此交流时的认知落差情况。这四个象限具体如下：

	自己知道	自己不知道
他人知道	**公开象限**	**盲点象限**
他人不知道	**隐私象限**	**潜能象限**

乔哈里视窗

公开象限，就是我们与别人的知识共区，几乎不存在交流上的障碍；隐私象限，代表了我们以为别人知道，但是实际上别人不知道的知识区域；盲点象限，代表了别人认为我们知道，但实际上我们并不知晓的区域。在交流过程中，对隐私象限和盲点象限的忽略，造成了障碍和误解。最后是潜能象限，这是双方共同的未知区域。共同开垦这一区域，能够带来更多公共知识，是集体创新的重要来源。

乔哈里视窗的认知划分已经实际运用到了理财顾问行业。常见的偏误中有一些是可以被修正的，但需要先被认知到——投资者通过自我学习，可以深究自己的“隐私象限”；而借助咨询理财顾问或是智能工具的力量，投资者可以更加清楚地认识自己的“盲点象限”。

成熟专业的理财顾问，不仅需要在理财产品与金融市场方面具备专业的知识，在这个“以人为本”的行业中，也必须对人性有所理解。因此，理财顾问会先花一段时间与客户磨合，分析这个投资者本身真正的行为偏误类型、特征和来源；然后结合这个投资者的风险承受能力、金融知识与经验，以及行为特点，依据该投资者特有的财务现状和目标，有针对性地给出量身定制的理财建议，帮助投资者进行合适的资产配置。投资最终的成败还是要由投资者自己承担。求教于理财顾问，不代表能够期望他人成为获利的保证，投资者是投资决策的主导者，借由他人的建议和理财工具，可以更好地看清自己有哪些行为偏误。

第5讲
幸福理财的姿态

翻开报章杂志，你是否留意过某某富豪有多少身家这样的报道？所谓“身家”，指的是什么呢？很多人会自然地联想到高收入。其实，“身家”指的是财富净值，而不单单是年收入。也就是说，高收入人士未必“身家”较高。对自己财务负责的人，应该清楚地知道自己的财富净值，有效地掌握财富管理的诀窍。那么，你的“身家”有多少？不妨试试看你能不能很快回答出以下四个问题：每周或每月现金收入有多少？同期间开支有多少？当下总资产有多少？总负债有多少？

我们从个人收入开始说起。理财的第零步，不外乎量入为出、开源节流。管理收入的方法是设立先后顺序：收入首先用于支付税款、回馈社会，以及投资自己，其次用于储蓄，最后才是用于必要的生活开支。

回馈社会的金额可以随个人心意、能力而定，之所以将其与税款摆在第一顺位，是因为“取之于社会，用之于社会”。我们每一个人都享受着社会安全与文明进步带来的好处，没有一个人例外。感恩之余，也不要忘记帮助需要的人，不必成为超级富豪，平凡如你我也可以实现真正富裕平衡的人生。

在思维、专业知识和技术上投资自己，则是基本之道。特别是事业刚刚起步的年轻人，应该努力冲高主要收入，积极打磨具有经济价值的实力。在投身工作的初期，争取做到每隔二至三年就能有阶段性的成长。不好高骛远，不眼高手低，稳扎稳打，让自己成为行业内最优秀的精英。

储蓄排在收入用途的第二顺位。人们往往忠于习惯，具备良好的储蓄习惯才能真正地累积资产。**先储蓄再消费**，有助于事先规划好真正需要的开支，将“需要”与“想要”区分开来，避免一时冲动购买不需要的东西，造成浪费。储蓄的形式以最安全、流动性也最高的银行现金存款为佳，以备自己和家人不时之需。最后，部分收入才被用于生活必要开支，这还需要在日常记账、精明消费以及事先规划预算等方面下一番功夫。

当储蓄达到安全的水位，例如家庭每月开支平均值的3—6倍后，再将剩下的储蓄依照不同目标，分批规划，投入不同的资产类别。许多白手起家的成功人士都深谙此开源节流之道，即使成为富豪之后，也过着低调知足、朴实无华的生活。他们把钱花在刀口上，勤奋工作，专注于充分发挥自己的才能，积极回馈社会并且享受甜美的果实。

那么，什么是资产呢？所谓资产，应该能够定期产生正的现金流量。我们可能有一些物品，有高额的折旧费，经常引发维护成本，这类物品实际上就是我们的负债。我们可能需要考虑尽快抛弃这种带来负现金流量的物品。进一步来说，需要学会分辨什么是不良的负债，什么是健康的负债。健康的负债应该伴随而生一种资产，如果这种资产滋生的利息收入高于负债的利息，那么资产产生的现金流量就足以抵销负债衍生的支出。两相抵销之后还有结余，这就是可以考虑的健康的负债。但是，如果负债对应的是不能产生现金回报的消费支出，或根本无法预期能否收回，这就是要极力避免的不良的负债。

资产扣除负债后，便得到了净值（Net Worth），也就是我们的“身家”。有了这第一桶金，便可以继续以系统化、科学化的模式让资产生财。财富管理行业便是将客户净现值的高低，作为提供服务规划的主要依据。注意到了吗？收入与支出是一定时期内的“流量”的概念，而资产与负债则是某一个时点“存量”的概念。懂得资产生财之道的人，往往也懂得流量与存量之间的调和之道。

案例

咖啡厅里，小方和理财顾问一起坐下。小方是理财顾问的表弟，来自小康家庭。大学本科毕业后，在一家工程公司上班三年，前途看好，收入不差，最近刚刚结婚，但一直积蓄不多。这对积极向上的年轻夫妇，想要学习如何规划财富，收获富足的人生。从理财的第零步开始，小方迅速盘点了自己目前的收入、支出、资产和负债情况，用他的工程师才华画出了下面这个图：

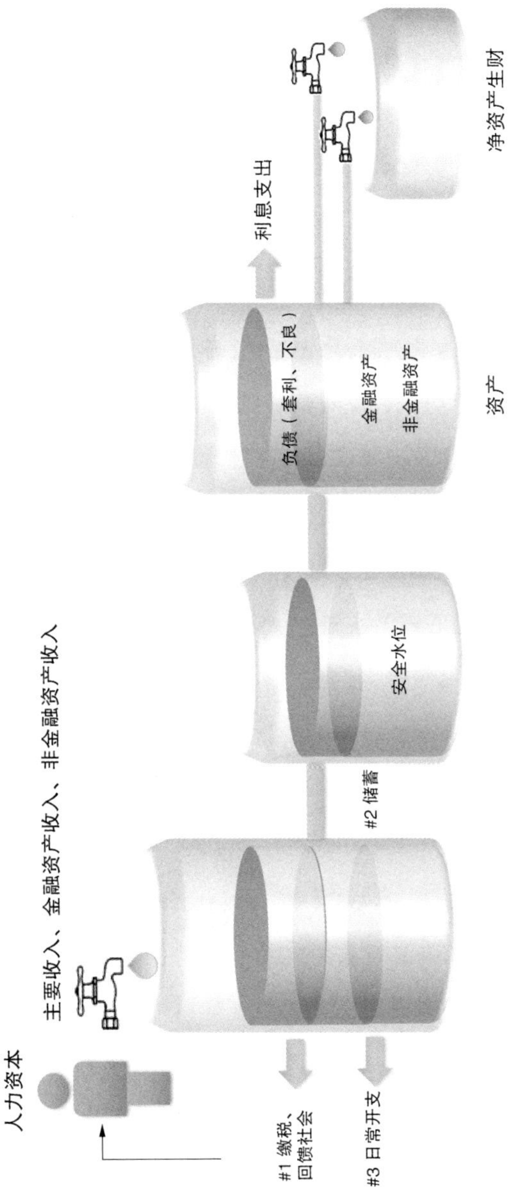
人力资本
主要收入、金融资产收入、非金融资产收入
#1 缴税、
回馈社会
#3 日常开支
#2 储蓄
安全水位
负债（套利、不良）
金融资产
非金融资产
资产
利息支出
净资产生财

小方夫妇理财规划图

啜了一口咖啡，小方问道："满足基本生活需求不应该排在首位吗？之后才有剩余的钱。余钱先用于支付税款、回馈社会以及投资自己，这可以理解。最后剩下的便是我的储蓄。"

理财顾问笑着说："你一定听过马斯洛需求层次理论吧？满足基本的生存需求的确是第一要务。但如果没有财务上的生存基础，贸然地去投资，那样的进场心态很可能是赌一把。所以说，得先有储蓄，达到安全的水位之后，多余的部分才能拿来做投资理财规划。我相信你加上太太的合并收入，要满足基本的生存需求应该不成问题。但是，如果你不特意地强化储蓄意识，将储蓄摆在日常开支之前，而是即兴花费，想存到第一桶金，恐怕得多花上好几年。资产生财越年轻开始越好，时间是你的朋友，越早开始，复利的效果也越强大。你和太太不是有很多人生计划吗？买房、生养孩子、出国旅游、退休……你的理财规划应该把时间拉长、眼光放远。投资理财的目的是帮助我们享受富足的人生，体现在家庭和谐、充分发挥才能、回馈社会这些层面上。"

小方若有所思地点点头："是啊，今天我原本还期待，你能告诉我该买哪只股票可以赚大钱呢！关于财富和人生，其实学校没有教过，爸妈也没教过，还有好多要学的。幸好先跟你谈了，否则我可能会胡乱买一堆自己也不懂的理财产品。我老婆很是勤俭持家，从小有记账的习惯。她念的是经济本科,对经济金融形势也很有研究兴趣。我可得和她好好讨论如何量入为出与开源节流,赶紧存到我俩的第一桶金!”

那么,一个人需要多少身家才足够退休享受人生呢?成家立业、教育医疗、买房买车、旅游、退休等计划须与个人的出生、成长、成熟、衰老和死亡等生命周期结合起来。由于每个人生活所需不同、人生阶段不同,对于“足够”所需的确切数字也就没有标准、固定的答案,理财规划自然也就因人而异。

钱,在使得上的地方确实好用。只是在人生幸福的价值蓝图中,有些维度是钱一点也使不上力的。人的一生,能成就的精彩故事有无限可能,每个人都可以亲手打造出自己的写意人生。幸福理财的观念和方法,可以帮助我们在漫漫人生路途中,掌握生财有道的底层逻辑,享受幸福生活。**这里所说的底层逻辑,一是经济运作与金融市场的基本知识,二是对人们心理与行为的基本理解,也就是行为金融这门学问。**

案例

小方和太太坐在餐桌前,以年龄为横轴画到100岁,以金钱为纵轴画出估计工作收入和估计支出两条曲线。

小方的太太说:“我俩计算了一下上述指标,我们的估计工作收入和估计支出的差异,等于储蓄。储蓄累积到安

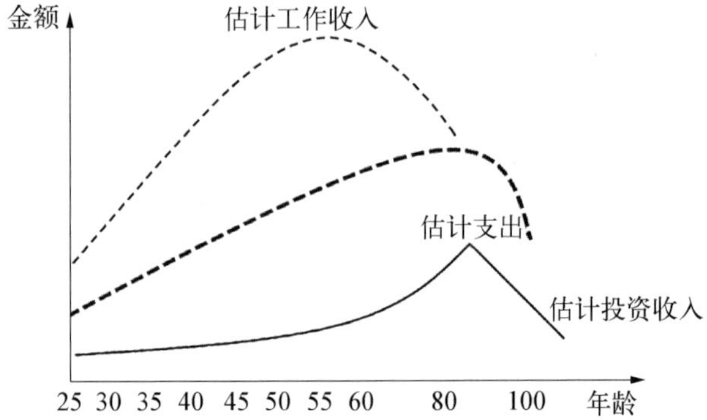

小方家的估计收入与估计支出示意图

全水位之后，就规划做投资，稳稳当当增长的投资也可以另辟一种收入方式。假设我们 65 岁退休，没了工作收入后，靠积蓄、投资收入和其他一些保险金收入，估计生活也有个着落，可以安享退休生活。”

小方说：“量入为出和开源节流与生命周期结合起来，能够帮助我理一理对未来近程、中程、远程等不同生命阶段的规划。目标更加具象化了，重点更加明晰。只是我有点担心，一向都随性花钱惯了，要先储蓄再消费，这对我来说是有点挑战……”

小方太太说：“别担心，我已经想好怎么办了。我们开三个账户，分别专属于储蓄、投资、消费三种用途。把实际账户跟心理账户对接上，简单易行不复杂。这么一来，就不会胡乱消费，可以安心储蓄，也能够进一步完善投资规划。你努力工作，以后你每个月的薪水，一领到就全数交给我吧！”

案例中的小方和太太，把一生的估计工作收入、估计支出、估计投资收入粗略地画出，这就是基于生命周期（Life Cycle）的财富规划。在此，我们需要向读者介绍一个基本概念——人力资本。

人力资本

人力资本是个人最重要的收入来源。在财富管理行业，进行较为细致的跨期间的个人财富规划时，需要估计人力资本。

计算人力资本时，通常需要以下信息：当下年龄、税后净收入现金流、储蓄率、职业路径、预计退休年龄和折现率等。其中，**储蓄率**可以通过家庭成员画像来估计。例如单亲且有四个小孩的家庭，以及刚刚建立家庭的白领阶层，可能拥有较低的储蓄率。**折现率**的估计需要分析职业本质，如果所在行业收入稳定，折现率可以较低；反之，如果所处行业收入起伏较大，折现率则应当较高。

我们可以将职业的本质，视为股票和债券的组合。例如，公务员的收入现金流非常稳定。我们在计算人力资本时，可以将公务员的收入现金流等同于100%的债券产生的现金流，用国债收益率对其预计的未来现金流进行折现，估算得出人力资本的现值。如果是自由职业者，市场行情向好时收入丰厚，但市场行情一旦变化，其收入有可能急剧下滑。那么，在计算其人力资本时，可以将其视为100%的股票，用股市大盘收益率作为折现率。读者不妨试试用自己所处的行业，分析职业的收入现金流，调整股票和债券的混合比例，估计一下自己的人力资本现值。

对大多数人来说，通过各种形式的劳动发挥自身才能，从中获得的报酬是最主要的金钱财富来源，而人力资本本身就是最大的资本。传统投资理财书籍主要谈论的是金融市场，而行为金融看重的是人本身。现代人的平均寿命有日渐增长的趋势，一般大众从开始从事第一份工作到退休，处在工作岗位上的时间可达三十几年。因此，我们应当最大程度地发挥个人才能，投资自己，在岗位上边做边学，终身学习，不断地磨炼技能和练就实力，从而实现外在条件与内在能力相辅相成，让财富跟着我们的视野格局和能力水平日益提升。

人力资本的投资常常过于集中。在美国，许多个人将30%的退休金投资在雇主公司的股票上。例如，安然公司的员工将超过60%的退休金，投资于安然公司的股票；雷曼兄弟破产前，员工持股份额达到了30%。这种将人力资本与财务投资过度捆绑的做法，很容易导致在极端风险陡然上升时，既丢了工作又损失了财富。

想要脱离苦日子，过上好日子，是人性基本的渴望之一。发挥才能追求财富，用来满足和改善自己和家人的生活所需，也是人类不断追求进步、开拓文明的动力之一。金钱本身不是罪恶，只有当人们过度贪婪时，或者对理财过度恐惧，只能拼命劳动才能维持生计时，人才成了戴上枷锁为钱工作的奴隶，正如同作家狄更斯在《圣诞颂歌》

中描绘的景象。

有不少教人如何“赚取财富”的表层技术，例如应该如何看财务报表，应该如何增加销售等，但“成为富裕人士”的**内在心智能力**却较少为人探讨。这样深层次的内在心智能力，也是可以习得的，能够通过练习不断地进步。有趣的是，内在心智能力越高的人，财富的绝对金额也会自然跟上。反之，内在心智能力不够的人，即便一时之间获取了巨额的财富，但一段时间之后，财富也很有可能迅速缩水。

幸福理财的规划与行动，要求我们从察觉和理解人的行为偏误出发。对于人力资本的“投资期限”，要将目光放得长远，构建全新的理财视角，避开投资行为中的偏误与陷阱，从而在理论基石上建立内在心智能力，设定出美好的生命蓝图。

思　考

- 传统金融学假设人是理性的，行为金融学则对真实的人性做出科学化的系统铺陈，帮助投资者提高决策水平。
- 如何提升投资水平呢？或许可以尝试自我学习、掌握智能理财工具或寻求咨询理财顾问帮助。你认为为什么散户总是亏钱呢？
- 你认为自己是赌博偏好者、投机者，还是投资者呢？
- 你对于自己生命周期的财富规划，有什么目标呢？

第2章 敲开行为金融学的大门

有人说，**思想决定行为，行为决定习惯，习惯决定性格，性格决定命运**。投资的成败，确实深受思维与行为的影响。在投资心理的小剧场里，每次的买进、持有、卖出的决策过程，都可以看作一个内心角力过程。我们不妨想想自己的决策过程：促成一个决定的因素，可能是情感，可能是对事实的认知，也可能是既有逻辑推论的一致性。

传统金融假定人们的行为是理性的。但现实中，人们的种种行为告诉我们，理性人假设并不总是成立的。例如，在制造与销售中，工厂经理并不会真的如经济学家所推导的，计算所谓的边际成本；而是常常根据经验与直觉，决定需要多少生产要素。甚至可以说，在金融市场中，非理性的行为非常普遍，个人经验法则常常自成系统。

行为金融学超越了传统金融学对理性人的“标准样板”假设，从个人投资的偏好、信念、决策过程这三大真实人性角度出发，刻画出许多种个人投资者常见的非理性行为。基于这三个角度,我们从行为金融学文献中梳理出常见的十大行为偏误,和读者分享。通过讨论情绪与认知如何影响我们的最终投资决策,我们期望能够帮助读者看清人们在投资过程中容易陷入的盲点和误区,进而提升投资获胜率。

在将行为金融学应用于财富管理咨询时,我们一般将常见的行为偏误分为情绪型偏误和认知型偏误两类。在财富管理过程中,需要知道哪些行为偏误可以修正,哪些行为偏误根深蒂固。一般来说,情绪型偏误是受情感或情绪影响产生的偏误,通常源自直觉,并不是个体有意识的计算产生的,较难纠正,包括损失厌恶(Loss-aversion)、过度自信(Overconfidence)、后悔厌恶(Regret-aversion)等。所谓“江山易改,本性难移”,人们常常会出于冲动或直觉做出决策。这一类偏误源自人们的性格,很难通过投资者教育或理财顾问建议等方式进行校准。但是,理财顾问仍然可以尽力降低情绪型偏误给投资者造成的损失。

另一类是认知型偏误,即由于个体认知缺陷,基于错误的认知推理造成的行为偏误,包括证实偏差(Confirmation)、投影偏差(Projection Bias)、框架效应(Framing)等。这一类偏误可以通过营造更好的信息与决策环境、提供理财咨询和建议、提供投资者教育等方式进行修正,是体现理财服务价值的重要内容。

第6讲
你是股神吗？——过度自信心理与行为

频繁的交易能够提升收益率吗？每次买卖都有手续费，进出频繁的投资者，通常只想快快地赚几块钱的价差，而不惜“换一匹自己认为跑得更快的马”。这样反复多次之后，手续费就吃光了价差带来的小盈利，从而导致投资绩效不佳。

过度交易是散户最大的致命伤。中国散户的股票周转率相当高，频繁买卖的决策往往不经思索，没有耐心等足一个波段便匆忙卖出。大量散户的注意力总是放在短期内几块钱的价差上，却忽略了中长期的趋势。尤其是在转折点时缺乏耐心，喜欢在长期结构式的下行波段中博一把的赌徒心理，很容易导致收益降低甚至亏损。

案例

清晨不到5点，方老爹走进书房打开电脑，惊醒了刚刚在书房沙发上睡着了的小方。小方揉着惺忪的眼睛问：“爸，您干吗这么早起呀？我刚和外国客户通过电话会议，现在才睡下呢。”

方老爹说：“我想看看昨晚美股怎么样，在亚洲开盘之前做点功课，待会好做点小买卖。”

小方说:"您做些什么功课呀?让我帮您看看做了哪些买卖?"

方老爹拿出笔记本,小方数了数,老爹目前持有的股票少说也有80只,金额大的有好几万块,小的有几千块。再往下翻,是密密麻麻的买卖记录。看得出来,老爹十分勤快,有的时候同一只股票在短时间内都要买卖许多次。

偶然间,小方一眼瞥见其中好几只股票,公司曝出丑闻,股价早就已经一落千丈。小方这一会儿全醒过来了:"爸,你炒股范围这么大,到底有没有赚钱呢?那几个已经没救的公司,您还没减仓?"

方老爹神秘地笑笑说:"股票总是有赚有赔,可以赚钱的股票我就勤快点,现在挣不到钱的股票我就放着,反正金额也不大。这些股票全是我精心挑选的宝贝,舍不得砍啊!那些现在账面上亏钱的股票,没准儿等到我孙子上大学的时候就翻了几番呢!"

案例中投资非常努力的方老爹,除了有过度交易的倾向之外,还在亏损时拒绝将账面浮动亏损变成实际亏损,不愿卖出股票及时止损[1]。这种明显讨厌亏钱的心理,称为**"损失厌恶"**,由此引发的倾

[1] ODEAN T. Are investors reluctant to realize their losses? [J]. Journal of finance, 1998, 53(5): 1775-1798.

向于持有亏损股票、卖出赢利股票的行为，称为**“处置效应”**。我们将在之后的章节中介绍这些概念，本讲中，我们主要关注过度自信心理与行为。

自信是一个充满正能量的词，能够给我们带来很多好处，也与聪明能干的英勇形象设定有些关联。例如，自信使人自我感觉良好，自我成就动机较高，从而带来更好的学习成绩、工作表现等。但是，万事都有界限，自信也不例外。过度自信会使一个人丧失应有的理智，盲目地相信自己可以“慧眼识珠”，发现更好的投资标的，从而在预测收益与损失概率的时候，将太多的财富押在同一个篮子里，这是非常危险的。人都不是完美的，我们都会做出一些糟糕的投资决策。智者千虑，必有一失，即使是最优秀的投资者，也没有办法做到稳赢不亏。

在日常生活中，过度自信的现象非常普遍，包括过高估计（Overestimate）自己的实际能力和表现，将自己的能力过高定位（Overplacement）于平均水平以上（Better-than-average）的位置，对于自己回答问题的过高准确率(Over-precision)深信不疑,等等[1]。例如,在职场上过度自信的人,认为自己能够十分熟练地工作,给自己的主观绩效评分往往高于设定目标或者高于平均值,但在行为上却经常忽视基本功,缺乏做好工作所需要的扎实感。这些人在主管和同事的眼中,绩效可能非常一般,甚至远远未达到设定目标。

由于投资目的与风险承担程度各不相同,每个人的投资组合都是量身定制的。因此,将个人投资者的量化绩效直接与大盘比较,不见得是客观的评判方式。我们需要将量化绩效客观排位,与其他人一起放在同一个尺度下度量;非量化的部分,也需要其他人来进行全方位的评测,以便能够从别人的眼中更好地了解自己。

一个散户有多大可能成为一代股神?有些过度自信的投资者,喜欢利用日间股价波动赚取价差。我和合作者研究发现,总体而言,虽然这些日间交易投资者(Day Trader,日间交易即日内交易,T+0)表面上可以获利,但是扣除交易成本后,实际上是亏损的。日间交易投资者,10 个有 8 个是亏损的,而且日间交易越频繁,亏损越严重。只有很少一部分日间交易投资者(不到 1%),可以做到持续赢利[2]。

---

[1] MOORE D A., HEALY P J. The trouble with overconfidence[J]. Psychological review, 2008, 115(2): 502-517.

[2] BARBER B M., LEE Y T, LIU Y-J, et al. Learn fast or slow? [J]. Review of asset pricing studies, 2020, 10(1): 61-93.

BARBER B M., LEE Y T, LIU Y-J, et al. The cross-section of speculator skill: Evidence from day trading[J]. Journal of financial markets, 2014, 18: 1-24.

案例

小方和中学同学聚餐。毕业后，同学们各奔前程，好不容易大伙儿碰上一面，于是便天南地北地聊起来。一位同学老P，大学时拿着爸妈给的预备留学的资金炒起股票，正好赶上沪指6 000点的那一波。老P出国前把手头的仓位出清，在大跌之前彻底离场，那几年顺风顺水地大赚了一番。到了国外，什么期权、新股上市……他全玩儿过，却听说缴了不少"学费"。

大起大落的老P拥有操作各种金融工具的丰富经验，对于国内外的经济走势与市场信息也有自己的一套逻辑推演。同学们急着想知道："老P，最近市场牛气冲天，连我家保姆都玩股票了，是不是有泡沫呢？"

老P说："有泡沫好，就是要有泡沫才能赚大钱呢！你投那么一点本，还干巴巴地守着5%的年平均回报率。不站在风口的话，得等到什么时候才能发达呀？现在宏观流动性整体宽裕，未来三年的公司盈利展望也不错。散户还在进场，你可别落后了。"

同学连连点头称是："那我就有勇气追了。可我没你那样的经验和见识，现在各类股票价钱都高了，是不是得分批进场才好？你怎么配置呢？"

老P说："别婆婆妈妈地费心搞配置了，我一向只投最牛最火的那一两只，看好了就全押上！这种涨跌波动很大的市场，操作的手法得灵活些。今天要是下跌，你就用力地买，明天肯定涨。这样一来一回呀，有时候当天就赚足了一个月的薪水了。我看了这么多年，一定不会错的，6 000 点这次肯定会再来！我就打算靠这一战，把以前亏的全部补回来！你们也别错过了这次财富重新分配的大好机会。”

小方毕竟懂一些行为金融，一听便觉得同学老 P 简直就是个赌徒，不但具有异常坚定的偏执信念，而且对于自己大手大脚追炒的手法振振有词；看似用了中长期的眼光看待市场，实际操作上却用了极为短线的方式，两者极不协调。而且他还全押在一两只股票上，资产配置和风险管理的意识都非常薄弱，可能没有什么财务纪律……

案例中超自信的老 P，除了有**过度自信的倾向**之外，还喜欢剑走偏锋，有针对性地选择那些波动特别大的股票。用金融学的话讲，就是具有**投机偏好的倾向**。那些价格波动特别大且价格较低的股票，很容易成为“彩票型”（Lottery-like）股票。这类股票往往具有显著的博彩特征，后市表现往往不佳[1]。有研究指出，男性投资者过度自信的程度通常更高，过度交易的程度更大[2]。当被问及“你认为自

[1] KUMAR A. Who gambles in the stock market? [J]. Journal of finance, 2009, 64(4): 1889 - 1933.

[2] BARBER B M., ODEAN T. Boys will be boys: Gender, overconfidence, and common stock investment. Quarterly journal of economics, 2001, 116(1): 261 - 292.

己的投资能力可以超越大盘吗?”时,回答“有足够的能力超越大盘”的投资者,往往可能存在过度自信偏误。这些过度自信的投资者,经常忽视投资的“基本功课”。

过度自信的心理使得投资者容易产生具有独特见解或占有优势等幻觉,他们相信自己可以“看见”定价存在错误的股票,然而事实并非如此。如果投资者能有“谋士”的协助,从别人的眼中了解到自己偏误的轨迹,就可以在一定程度上避免投资误判。

拓展

过度自信偏误（Overconfidence Bias）

过度自信可以分为两种类型：

1. 预测型过度自信：预测型过度自信者在不确定性中容易出现主观概率偏差,从而低估小概率事件背后的风险[1],并倾向于把期望收益估计在很小的价格区间内。这类人发表的观点往往标新立异,其市场预测很可能被人们追捧为“另类明灯”。

2. 确定型过度自信：确定型过度自信者的风险意识和资产配置都较为薄弱,容易出现交易频繁、分散不足等现象。当这类人确定一个公司是不错的投资标的时,常常期

[1] JOHNSON D D. P., FOWLER J. The evolution of overconfidence[J]. Nature, 2011, 477(7364): 317-320.

望该股票成为暴涨股，进而忽视可能的风险。

过度自信偏误是拉开散户与股神差距的最重要原因之一。在投资过程中，股神往往如临深渊、如履薄冰，积极分析市场信息，仔细敲定投资判断，对市场充满了敬畏之心。相比之下，许多散户却谈笑自如，在市场中潇洒进出，频繁交易。你自己或是身旁的亲朋好友，是不是也曾经历过这些呢？知己知彼，百战百胜。个人投资者战胜市场之前，首先需要战胜的是自己。读者不妨检视一遍自己的投资行为，看看是不是这几项特别常见的心理与行为偏误，影响了你的投资表现。

第7讲
投资的时间偏好——自我控制偏误

洞悉人群的消费偏好，有助于生意的成功兴隆。同样地，探究**投资偏好**，也有助于投资行动的成功。“偏好”与主观上的“喜欢”有点相似。例如，一个人喜欢吃苹果，不喜欢吃香蕉。那么相比于香蕉，他更加偏好苹果。经济学家赋予了偏好更精细的含义：偏好体现了个体依据满意度，对于一系列事物的喜欢程度进行排序的结果。

传统经济理论假设人们是理性的，每个人偏好相同且不会发生改变。从而在研究过程中，经济学家可以排序推演个体的最优选择。在考虑收益和风险时，假设所有个体都能接收到一样的、完整无误的信息，并且产生相同的认知，那么，所有人应该会做出同样的选择。但事实上，人们各有所好，“一种米养百样人”。据此，行为金融学为传统的理性人假设加入了心理与社会因素，借此衡量投资世界里的个体心理行为，使得收益和风险的偏好态度更加真实，更加符合实际。

时间偏好（Time Preferences）和**风险偏好**（Risk Preferences），是投资决策过程中，影响选择的主要**偏好因子**。偏好有可能随着年纪、成熟度等内在因素，或者环境等外在因素而改变。在财富管理业界，理财顾问要理解客户当下的时间偏好和风险偏好，以及变动轨迹，才能给出真正合适的投资建议。因此，在客户风险画像评估当中，这两项是基本的核心项目。此外，投资者还有一种偏好因子——**社会偏好**（Social Preferences）。社会偏好打破了传统金融学理性人的自利假设，认为人并不完全是自私自利的，会考虑他人和社会的利益。例如，最近十分热门的“环境、社会和治理”（Environment, Social, and Governance, ESG）投资，便是指大众的投资无论金额大小，都可投入“让世界更美好”的公司。在高端客户群中，更可以提升到“影响力投资”（Impact Investment）的层面，主动找到或者创造“改变世界的杠杆点”。

接下来，我们将一一探讨关于时间偏好与风险偏好的投资行为。本讲首先探讨时间偏好，下一讲中我们将与读者分享风险偏好。

时间偏好

你是不是有“月光族”的倾向呢？月光族喜欢将每个月的收入花光，及时满足当下的消费需求，不愿意储蓄资产以供未来消费，他们对时间的偏好明显集中在当下。每一个人的时间偏好不同，愿意等待的时间不同，同样的时间对每一个人的价值也不相同。

有一则笑话说，有个人问上帝：“神呐！在你眼中千年如一日，人类一生的年岁可能对你而言，不过只是一分钟。人间数以百万计的财富，在你来看可能不过是一块钱而已。既然这样，可不可以将你的那一块钱直接送给我呢？”上帝慈爱地回应道：“当然可以，孩子，你等我一分钟！”西方谚语说，时间就是金钱（Time is Money）。在财务投资上，时间的确是具有价值的。比较**不同期间**的盈亏时，要将金额转换为同样的等待期间单位，例如换算成年化收益率。若要比较**不同时点**的盈亏，则要将金额“折现（Discount）”到同一个时点。

传统金融学认为，理性人在不同时点的偏好是一致的。也就是说，未来任意时点的“折现率”不变。实际上，人们具有很强的时间偏好，希望自己的愿望能够现在、立刻、马上得到满足[1]。用金融学的话语说，就是**人们对于近期的贴现率的偏好要高于未来的贴现率**。

关于自制力，有个经典的棉花糖实验（Stanford Marshmallow

---

[1] THALER, R H., SHEFRIN H. M. An economic theory of self-control[J]. Journal of political economy, 1981, 89(2): 392 - 406.

Experiment)。学者走进幼儿园，向小朋友提供了两个选择：一是可以立即得到一块棉花糖；二是需要等待一段时间(15 分钟左右)，但是可以获得两样奖励。结果发现小朋友们的选择各不相同，而那些更具有忍耐力的小朋友，大多在未来获得了更好的人生。这个实验表明即使是小朋友，不同个体之间，也存在着不同程度的时间偏好，由此产生了**自我控制(Self-control Bias)偏误**。

在金融投资领域中，下面这个信用卡还款的现象也显现出了典型的自我控制偏误。研究发现，某地信用卡用户的平均还款期限为 21 个月，收费标准是前 6 个月利率水平为 6.9%，之后则为 16%。升级后的用户可以在两种优惠方式中选择一种：一是前 6 个月利率水平下降至 4.9%，此后保持 16%不变；二是前 6 个月利率水平保持 6.9%不变，但之后下降至 14%。显然，方案二在财务上更为优惠。但是事实上，大多数用户却仍然选择了方案一。[1]

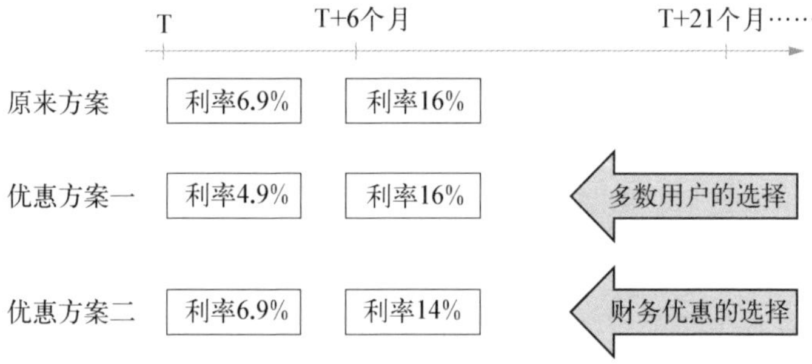

当投资者盘点自己的财务资源，评估风险与回报时，也要**盘点自**

[1] AUSUBEL, L M. Adverse selection in the credit card market. 1999, Working Paper.

己的时间资源。也就是看,在最乐观、最悲观的情况下,实现盈利分别需要等待多少时间。这样的等待时长,对你个人的投资时间偏好而言,是不是能够耐受得住?举例来说,一笔3年之后就有收成的投资,和另一笔10年以后才有收成的投资,两者承担的风险肯定不同,期待的收益回报也就不同。因此,理财顾问需要先知道投资者在投资期限上的要求,以便事先规划。

时间是每个人生而有之的重要资源,不但不可买卖交换,也无法自行产出,而且会不断地流逝。然而时间的价值,却是我们在投资时很容易忽略的内容——**时间可以是你投资的朋友,也可以是你投资的敌人**。身为经济学大师,同时也是投资高手的凯恩斯,有句名言常常被引用:“长期而言,我们都死了。”(“In the long run we are all dead.”)没有人知道自己一生的年限有多长,因此比较务实的理财方式,是考虑一般人一生的生命周期,随着时间轴建构资产与收入匹配的现金流。每个人的时间偏好不同,理顺自己的时间感,让投资的回报聚焦在关注的时间区间内,进而适时地满足基本需要,实现不同人生阶段大大小小的理想。

第8讲
投资的风险偏好——损失厌恶

人们倾向于根据个人经历,主观地设置不同的比较基础,即参考点(Reference Points),并利用参考点不断地调整决策。例如,人们在生活中对气温、雾霾等状况的评判往往基于经验。以过去为参考点,将今天与昨天对比,判断天气是不是变热了,雾霾是不是加重了。比较有经验的人,则会进行同比判断:今年夏季是不是比去年夏季更热?去年冬天的雾霾是不是也有这么严重?

金融投资领域也是如此。人们在进行金融决策时,往往忽视宏观的变化,以短暂的输赢为判断标准。有时出于不喜欢输钱的感觉,或者过于着迷赢钱的快感,而没有采取正确的行动。**偏好围绕"输赢"这一参考点**,产生的行为偏误是**损失厌恶(Loss Aversion)**。

损失厌恶偏误

举例来说,小明和阿强各有一张中国石油的股票,成本分别为每股 8 元和 18 元。假设上周中国石油的股价为 12 元,今天却跌至 10 元,你猜想谁会比较难过呢?

	成本	上周股价 12 元	今天股价 10 元	账面盈亏变化
小明	8 元	账面收益+4 元	账面收益+2 元	少赚了 2 元
阿强	18 元	账面收益-6 元	账面收益-8 元	多亏了 2 元

对于小明来说,上周账面上的收益是 12-8=4(元),但这周由于股价从 10 元跌到 8 元,收益就从 4 元(参照点)下降到了 10-8=2

(元);对于阿强来说,上周账面上的收益是 12-18=-6(元),这周的收益从-6 元(参照点)变为 10-18=-8(元)。虽然收益变化同样是-2 元,但是两人输赢的参考点不同。有人认为小明会比阿强更加难过,因为相比于上周卖出少赚了 2 元;阿强则没有小明难过,因为相比于上周卖出只多亏了 2 元,都是亏损,对于上周没有清仓不会感到后悔。但事实上,阿强才真正亏损了呢!

拓展

基于损失厌恶偏误的处置效应

在之前小明的例子中,假设这周股价是 13 元。存在损失厌恶偏误的投资者,上周就会清仓,在锁定 12-8=4(元)收益的同时,错过 13-8=5(元)的潜在最高收益。这属于"抛出好股"(Selling Winners)的处置效应。

假设另一个投资者阿华,一个月前以每股 13 元的价格买进中国石油的股票,目前该股票的价格为 10 元,未来价格会以相同的概率上涨或下跌 3 元。阿华会如何选择? 如果阿华存在损失厌恶偏误,不愿意承认眼前的 10-13=-3(元)的损失,就会选择继续持有股票。期望有 50%的概率股价上涨后实现 13-13=0 损失,并愿意冒险承担 50%的概率产生的 7-13=-6(元)的损失。假设未来的股价为 7 元,存在损失厌恶偏误的投资者选择继续持仓,导致了未来 6 元的亏损,这属于"持有坏股"(Holding Losers)的处置效应。

两种情况下，投资者都由于行为偏误，在错误的时间点卖出或继续持有股票。

投资者对损失的敏感度往往甚于对收益的敏感度，**损失100元带来的痛苦，会比赢得100元带来的快乐强烈得多**。为了避免实现亏损的不愉悦，不止损似乎就是最好的选择，这就是在投资者中普遍存在的损失厌恶偏误。

两招摆脱损失厌恶偏误

如何处理亏损持仓部位，确实是个棘手的问题。止盈相对比较简单，止损总是太难。投资者要抓住学习机会，从损失的痛苦经验中，理顺时间偏好和风险偏好，突破自己的投资心态和手法。

心态方面，首先要面对现实，尽量客观地评估持仓状况：投资标的是否仍然具备所期待的赢利能力？假设只是需要时间，而且持仓部位没有融资，意味着还有逆转的可能性。那么，时间是站在你这边的，它是持仓的“朋友”。回头再想想：是不是自己心急，只专注于当下的盈亏？当初进场时，所预设的投资目标与投资期限为何？如果本来就设定了较长的投资期限，那么你就应该克服短期之内的损失厌恶。但如果持仓对应着负债，那么时间和利息负担，便是这个持仓的“敌人”，继续持仓的财务能力与理由就被削弱了。至于成本方面，由于这是沉没成本,因此不必再去考虑。

手法方面,机构投资者通常对持仓部位设有“停损点”,并将之作为风险管理的一环。个人投资者比较难做到,往往也无从评估什么是合理的停损点。有些交易型的个人投资者,会改良机构投资者的手法,执行“停损不停利”,即将亏损限制在某个范围内,赢利则无须限制。停损砍仓时,有人会一次全部砍掉重来,有人则选择分批。可以按照自己的时间、资金等限制条件,在进场之初就拟定退场方案,避免亏钱的时候心绪不佳,乱了阵脚。如果有太多的感性左右你的情绪,那么不妨试着留一半卖一半,保留东山再起的实力。起初开始执行停损砍仓时,会感觉很难下手。但是必须明白,所有成功的投资者都懂得认错砍仓。他们懂得抽离自己的情绪,知道自己真正想要的是金钱的回报,而不是投资标的本身,无须与它天长地久。

总而言之,更好地理解行为金融,能够让自己**具备处理亏损的判断能力、继续持仓的财务能力、理顺时间偏好和风险偏好的心理能力**。突破了这个关卡,你就能够摆脱损失厌恶偏误,这是投资功力提升的关键!

第9讲
“信念擂台”——浅谈认知失调

信念,是指个体对尚未发生的事所抱有的一种深信不疑的看法。

信念往往刻画了个体对于未来事件的预期。传统经济学理论假定，人们对未来状态的概率分布具有正确认识，能够毫无偏差地准确判断出未来的事件。然而事实上，人们经常会选择性回忆过去的经历，根据回忆往事的难易程度，结合自身的印象与经验，来想象特定事件发生的概率。我们来做个小测试：请读者用最快的速度判断一下，鲨鱼袭击人的可能性和飞机坠落的可能性哪个更大？

大部分人倾向于相信鲨鱼袭击人的可能性更大。然而实际上，后者发生的概率比前者大 30 倍。认为鲨鱼袭击人的可能性更大是一种认知偏误，这一偏误的存在，也许是因为鲨鱼袭击事件经过大白鲨系列电影等的加工，被强化了恐怖感。也就是说，人们对于事件信念的形成，往往根据的是事件在自己脑海中占有多大分量，而未必是完整、客观、真实的信息。

当人们发现自己原来的信念与实情有落差时会如何呢？当人们获得的新信息与之前已有的观点和想法发生冲突时，心里产生不适感的现象，称为“**认知失调**”（Cognitive Dissonance）[1]。

人们为了降低不适感，会进行自我调节，甚至有时也会衍生出自欺欺人的新想法，用来合理化自己的行为。例如，一位抽烟爱好者从新闻中得知，抽烟会增加得肺癌而死的风险，此时“我想健康地活下去”（认知 1）和“我抽烟多年依然很健康”（认知 2）这两者之间发生了冲突。为了减少认知失调，心理世界的“小剧场”里，仿佛瞬间搭起

---

[1] FESTINGER L. A Theory of Cognitive Dissonance. Stanford：CA7 Stanford University Press，1957.

了“信念的擂台”,在三种不同的想法和它们各自带来不同的行为后果间周旋:

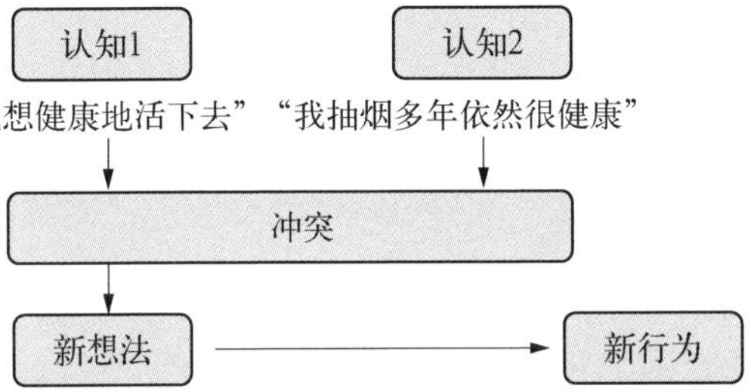

A. 那就戒烟吧!
B. 斥责新闻在胡说八道。
C. 延伸解释,以为适量吸烟不会增加患癌、死亡风险。

a. 选择改变行为。
b. 选择忽视新信息。
c. 选择调整新信息形成新的认知3,调整部分的行为,少抽几根但不会完全戒烟。

投资世界的“小剧场”,总是不断地上演着这样的戏码。例如我们知道,损失厌恶的处置效应,是投资者明知持仓有继续下跌的风险,但因为不想看到实际的损失(Realized Loss),选择继续持仓,将损失保持为账面损失(Paper Loss)。这种行为偏误也可以从认知失调的角度来解释,即“我要实现正的收益”(认知 1)和卖出亏损持仓后不得不承认“我在这笔投资上亏了钱”(认知 2)两个认知之间存在冲突,带来认知失调。投资者总是告诉自己“这只是暂时的账面损失,以后涨回去了,仍然可以实现正的收益”(认知 3),因此选择继续持仓。

认知是人的态度、感受、信念或者价值的综合处理框架。在相互矛盾的状态下，不同的认知交错时常常产生不平衡。实际上，投资的江湖，形势错综复杂，特别是我们在投资的过程中，获得的信息本身就很碎片化，甚至互相矛盾，导致我们在试图合理化信息并做出选择时，很容易误判。

选择性认知偏误的人，只会在大脑中录入与其既定路线相符合的信息。例如，我们如果先入为主地认为"咸粽子"比"甜粽子"好吃，在搜索相关信息的过程中，我们大多只会记得那些支持"咸粽子"更好吃，分析"咸粽子"优点的文章。对于支持"甜粽子"，分析"甜粽子"的文章，我们很可能不愿意点击浏览，视而不见，或者即便浏览，也会在阅读时更加留意这些文章的错误之处。

这种偏误使我们对现实产生不全面甚至不正确的看法。反馈学习的路径常常模糊不清，往往在信息获取过程中，吸收了更多支持自己观点的信息，支持自己的观点得到了强化，反对自己的观点得到了削弱。因而不能充分客观地理解事实依据，继而通过强化原有思维，非常顽固地继续坚持自己的选择。

不幸的是，即使会付出经济代价，有些投资者仍然主观地确信，自己曾经做过的决定或承诺是正确可行的。一个非常典型的例子是投资者投资了新兴市场相关的资产，认为新兴市场将会有良好的表现，就会倾向于着重阅读报道新兴市场前景良好的文章。实际上，有关新兴市场的投资，特别容易同时存在互相矛盾的好消息与坏消息。要想取得全面深入的了解，更需要下功夫在矛盾的信息中抽丝剥茧，理出脉络。在投资的过程中不严谨分析，反而选择强化和放大对自己有利的表面信息，缩小或故意忽视对自己不利的信息，便是认知失调偏误的典型表现。

如何才能调和认知失调，并运用在投资领域中呢？我们认为在投资资产之前，可以写下买进持有该资产的理由、进场时所预设的投资目标及投资期限，在卖出时提醒自己看一看。这种做法是相当有帮助的。

从投资产品来看，直接投资型产品（比如股票）的投资者的认知失调水平，远高于间接投资型产品（比如基金）的投资者。从投资者特质来看，偏好风险者的认知失调程度，往往高于追求稳定者。投资者的认知失调程度越高，对理财产品提供者的忠诚度越低。因此，财富管理机构可以尝试运用这些理解，从调和认知着手，减少投资者的投资行为偏误。

第10讲
风险偏好的差别对待——心理账户、禀赋效应

2017年，诺贝尔经济学奖又颁给了一个“离经叛道”的行为经济与金融学家——理查德·塞勒（Richard H. Thaler）。他凭借敏锐的洞察力，采用独特的观察视角，分析人们的非理性行为。有名的研究包括“心理账户偏误”（Mental Accounting Bias）、“禀赋效应”（Endowment Effect）和“锚定效应”（Anchoring Effect）。这些理论被广

泛地应用在消费者行为、社会福利政策、储蓄投资政策等领域。一些基于行为金融学理论的，看似微不足道的助推设计，可以产生巨大的行为改变和经济效益。

有关心理账户偏误的分析指出，人们会把不同的行为与不同的账户相关联。例如，多数人会将劳动收入看得比股票市场获得的财富更加珍贵。禀赋效应描述了人们身上可能出现的"敝帚自珍"的现象。例如，在继承财产时，人们总不情愿卖出上一代留下的财产。锚定效应则发现人们的判断与行为，会深刻地受到第一印象的影响。例如，很多商店会在商品标价旁，标出一个被划去的原价。高昂的原价可以有效提升顾客心中的"锚"，进而让他们欣喜地购买"打折商品"。

投资往往有多个不同的面向，看穿这些偏误，可以促使投资者打开眼界，搜寻各种不同的意见之后再下决策。散户如果能够琢磨、对比相反观点，对新知识和新事物保持开放的态度，相信可以取得不少收获。

心理账户偏误

同样是金钱，你会给予差别对待吗？许多人会根据不同的用途划分财富，告诉自己"这一笔是我的养老金，本金可不能亏损了""那一笔是买电视的预算"，这样的差别对待便是心理账户的体现。

案例

小方最近领到一笔额外的绩效奖金，带家人吃了一顿大餐庆祝之后，与太太讨论如何运用这笔资金。

小方说："以前的我，如果拿到这样一笔额外的奖金，一定是吃喝用尽。但现在的我明白了，像那样没有为长远打算，终究不是个办法。我想把这笔资金放在我们的投资账户中。辛苦储蓄攒下来的钱，如果用于投资，有个闪失亏了，我会比较难过。倒是这笔奖金是预期之外的收入，我想放在风险较高的投资上博一博，你觉得如何？"

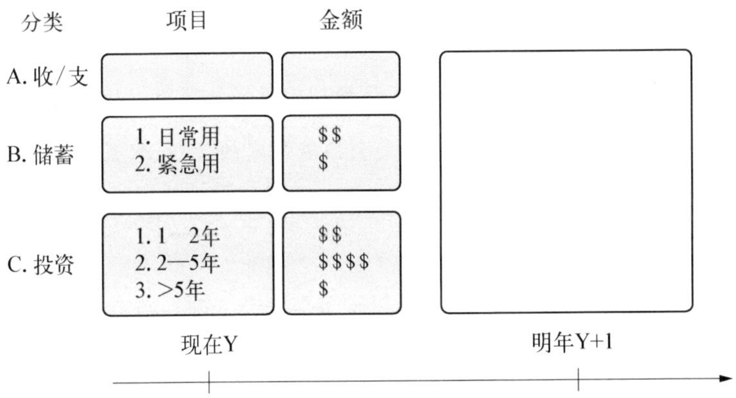

小方家财务状况记录表

小方太太拿出目前的财务状况记录，包括收入开支账户、储蓄账户与投资账户，简洁清楚地展示出各个账户的分类、项目与金额。储蓄账户细分为日常支出与紧急支出，前者预留了3—6个月的日常支出额度，后者则预估了若有亲人紧急生病住院等情况，可能会需要的开支。投资账户细分为短、中、长期三部分，目前将抚养孩子和买房所需的资金放在中期规划账户，退休养老金则放在长期规划账户。每一个项目对应的投资产品也做了标注，一切井井有条，一览无遗。

小方太太说："在你的心中，这笔奖金本来属于可以全部花掉的'吃喝玩乐账户'，不花掉它就转而属于'赌博账户'。所以，万一亏光你不觉得心疼，我说得对吧？你想想，这虽是预期外的收入，其实一样是你辛苦工作挣来的。这一两年内，估计我们的生活开支没有特别大的变化，储蓄目前也保持在健康水平。经过这段时间的讨论和调整，我们投资在各个项目的金额配置和预期回报也算理想。从整体财富的角度来思考，将这笔奖金按着原定的计划，配置在各个资产上面，是不是更加好些呢？"

我们可以觉察并正视心理账户，将之妥善运用在财富管理中。根据储蓄、消费、保险、投资等不同目的开设不同的账户，对接起我们心中的心理账户，特别有助于建立储蓄习惯，执行投资纪律。例如，有些年轻的投资者，投资经验不足，工作所得的收入也不够高。他们十分害怕本金损失，只敢投资于固定收益类产品。但长此以往，由于固定收益类产品的收益率低于通货膨胀率，加之现代人的平均寿命日渐增长，退休之后仰赖投资收入的时间也越来越长。如果年轻的投资者过度保守,便会有投资不足的风险,无法建立起健康的养老投资计划。

像这样的情况,投资者不妨试试“以息养股”——用固定收益类产品产生的利息,小金额地尝试波动可能较大的投资。因为对于新产生的现金流入,人们可能会觉得是“干火药(Dry Powder)”,可承担的风险程度较高。将本金与利息分为两个账户,可满足“本金不能亏损,利息可以承担风险”的心理。这样一来,年轻的投资者也可以尽早积累自己的投资经验。

理财顾问最好也能够理解投资人的心理账户。例如,在投资者的风险画像中,可能会出现一方面极度保守,另一方面又极度追求风险的现象。风险承担意愿像杠铃一样分布在两个极端,很可能是因为个体存在心理账户偏误。像这样的情况,理财顾问可以提供多样化的、不同风险与收益的理财产品。在解释的过程中,厘清该笔资金的心理账户属性,帮助投资者对接上合适的风险与收益。

需要留意的是,每一个心理账户存在不同的看法,可能会使我们把注意力放在单个篮子里,而不是从整体财富的角度来思考风险偏好。同时,心理账户也会随着生命周期发生改变。因此,针对退休养老金,建议投资者定期整体审视,在年轻的时候,不妨多承担些风险,争取较高的回报;临到退休的年纪,要调低风险,以维护本金为主。

禀赋效应偏误

人们可能会将自己所拥有的东西视为珍宝,但在别人的眼中未必有如此高的价值。禀赋效应正刻画了这种“敝帚自珍”的现象——人们会对自己所拥有的东西，给予高于市场价值的评价，愿意卖出的价格远高于买方愿意支付的最高价格。禀赋效应于1980年由著名经济学家理查德·塞勒提出，该理论认为一样的金额要从钱包里掏出来，比起要收进钱包，带给人们的效用是不相称的。

一项研究测试了支付意愿和接受意愿的不对称情况。研究人员将受试者随机分为两组，并随机分配杯子给其中一组受试者。平均而言，分配杯子的这组受试者愿意以5.75美元卖出这个杯子，但另一组受试者则仅愿意最多支付2.25美元买入这个杯子[1]。禀赋效应也常常出现在继承财产的案例中，人们有保留继承的投资标的的倾向，不情愿卖出上一代留下的财产。这可能是因为，对个人而言，传承的情感联结了继承的财产，使得财产的价值感远高于市场的公允价格，因此难以脱手。

心理账户和禀赋效应比较接近，都源自财富来源或用途的参考点的不同而产生的差别对待，而损失厌恶则与盈亏基准点的动态改变有关。当财富管理机构利用投资风险问卷，进行客户的风险画像评估时，前两者在问答过程中比较容易被捕捉到；而由于损失厌恶会随着投资绩效发生改变，甚至有时投资者自己也察觉不到。因此，需要投资者在回顾时，把买卖行为的账本列出来，根据一段时间内发生

---

[1] KAHNEMAN D, KNETSCH J L., THALER R H. Anomalies: The endowment effect, loss aversion, and status quo bias. Journal of economic perspectives, 1991, 5(1): 193-206.

的真实行为，观察是否有显著的继续“持有坏股”或“抛出好股”的倾向。这也是行为金融学家行为分析的内容。

不论是时间偏好、风险偏好，还是社会偏好，人们的偏好通常是非常直接的：喜欢就是喜欢，不喜欢就是不喜欢。偏误存乎一心，当事人不容易发生“错误的偏好”，或者发生“相抵触的偏好”。然而信念则有些不同，信念有可能因为不完整、不客观、不真实的信息输入，或者由于人们消化信息的框架不同，而产生出“错误的信念”，或者“相抵触的信念”。下一讲我们就从信念的角度，来进一步探讨行为偏误。

思　考

投资者的偏好速览：

✧ 具有很强时间偏好的人，更加喜欢享受立即得到的满足感，具有自我控制偏误。

✧ 风险偏好会围绕在“输赢”这一参考点上，产生损失厌恶偏误，使得损失100元的痛苦，比赢得100元的快乐强烈得多。

✧ 存在损失厌恶偏误的处置效应，倾向选择继续“持有坏股”或“抛出好股”，从而错过潜在的更高收益。

✧ 心理账户和禀赋效应都源自对来源或用途的差别对待。

第 11 讲
容易中招的信念误区

人们往往在不经意的情况下，带着自己的信念进入市场，可能因此产生了许多投资行为偏误而不自知。小数定律（Law of Small Numbers）指投资者错认为小样本可以代表总体，投影偏差（Projection Bias）指投资者容易将当前的偏好投射到未来，这些都是最常见的信念误区。在投资时经常坠入信念误区的读者，可以通过检视以下信念来源，避开容易中招的行为偏误。

小数定律

人们的思维过程倾向于走捷径，错误移植可用信息和代表性信息，错误认为小样本可以代表总体，错误估计基准概率的现象，称为小数定律[1]。与之相关的行为偏误有**代表性偏误（Representativeness Bias）**、**可得性偏误（Availability Bias）**、**锚定效应偏误（Anchoring Effect Bias）**等。

---

[1] TVERSKY A, KAHNEMAN D. Judgment under uncertainty: Heuristics and biases[J]. Science, 1974, 185(4157): 1124 - 1131.

拓展

小 数 定 律

卡内曼和特沃斯基1974年进行的实验,验证了小数定律存在于人们的思维过程中。某地方有两家医院,大医院每天出生约45个婴儿,小医院每天出生约15个婴儿,男孩的具体出生比例不同。如果统计某一年中,医院内男孩出生率高于60%的天数,你认为是大医院多一些,还是小医院多一些?

大医院男孩比例高?　　小医院男孩比例高?

这次实验共有95名被试者回答了这一问题,结果有21人认为大医院多,21人认为小医院多,53人认为一样多。

其实,根据概率理论,小医院中男孩出生率高于60%的天数可能会多于大医院。这是因为样本越大(大医院),就越接近50%的平均值。而小医院样本小,偏离50%这一平均值的可能性会更大。

代表性偏误

人们倾向于凭借自己对一个事件的认识和了解，来估计这件事情发生的概率。有时候我们错误地把小样本视为足以代表整体的大样本，有时候我们因为刻板印象而忽视基准概率（事件发生的统计学客观概率），并据此决定投资策略。这些现象称为代表性偏误。

源自对基准概率的错误判断，人们在潜意识中，倾向于将一个事件的发生概率与之前发生的事件建立关联。例如，在抛硬币游戏中，如果连续出现两次正面，大多数人会认为下一次出现反面的概率更高。**赌徒谬论（Gambling Fallacy）**便是一个著名的得名于“赌徒”二字的代表性偏误。赌徒的一个重要特点，就是具有异常坚定的信念，认为自己预期的目标一定会达成。在抛硬币游戏中，如果在连续两次出现正面后，第三次又出现了正面，反而会让赌徒更加相信自己下一次的选择一定是对的。他们不但无法从损失中领悟到思维的缺陷，还会加深自己的偏误。抛硬币其实是纯粹概率游戏，每一次出现正反的概率都是一半。如果依赖既定的事实，不断地强化赌徒的错误判断，将会对财富产生巨大的危害。

可得性偏误

人们倾向于根据主观的熟悉度，以及简单的经验法则，来估计未来某一事情发生的可能性,由此产生的行为偏误称为可得性偏误。例如,当你在寻找某种产品时,在你脑海中最先浮现的,可能是广告或新闻中出现最多的品牌。这些品牌普通人容易记住、可获得性强、熟悉度高。就像古典音乐爱好者,比较容易高估听古典音乐的人口占总体人口的比例。

同理,投资者也更容易喜欢与自己个性匹配的投资方式。学者研究了影响个人投资风格的因素,发现幼年时期经历过大萧条的个人投资者,投资风格更倾向于价值型(Value-investing)而非成长型(Growth-investing)[1]。这可能是因为生活经历让投资者对泡沫没有好感,而容易对价值型投资产生共鸣。理财顾问如果对客户的这些背景有所了解,也可以善加利用,让彼此更容易在“同一个频道中”沟通。投资者应该切记:最容易回忆起来的经历过的经验记忆,并非总是最可信的。

锚定效应偏误

有时在我们的日常思维当中,会对人、事、物有先入为主的某种“成见”。当出现新的信息时,需要一些时间整理消化,才能改变原本的成见。面对投资的不确定性,当人们估测数字时,会依靠最初获得的信息,**锚定在某“初始值”上**,这便是锚定效应。

[1] CRONQVIST H, SIEGEL S, YU F. Value versus growth investing: Why do different investors have different styles? Journal of financial economics, 2015, 117(2): 333 - 349.

例如，今天的上证指数为3 000点，投资者会预测一个月后的上证指数可能“八九不离十”，“差不多跟原来一样”地落在2 700—3 300这个区间内。这是因为在估值之前，脑海里已经落下了“锚”。所以，在3 000点这个数字上，估计出来的值大多只停留在锚的附近。

为什么会有锚定效应呢？人们从锚定点开始，一步一步地调整，每一步调整都需要消耗脑海中的认知资源。考虑到调整成本，人们习惯于采取最小努力的原则，避免做出极端的选择和判断，甚至干脆停下来不做估计。

人们对于最初得到的数字信息过度重视，会影响对事件估计的准确性。尽管已经出现新的相悖的信息，如果不充分调整初始值，便会受制于锚定效应偏误。例如，你在某城市花费500万元买了一套房子，忽然由于工作调动等原因，需要将这套房子卖出，去其他城市重新买房子。于是你在中介网站上，以500万元的价格将房子挂牌出售，可是一直无人问津。随着时间的推移，该城市的人口流入逐渐减少，房价开始出现下跌趋势。而且由于前期存在价格泡沫，房价可能还会出现较大幅度的波动。但是这个时候，大多数人还是不愿意以低于500万元的价格抛售房产，人们心中的价格被锚定在了500万元之上，就出现了明显的锚定效应偏误。

在投资中，人们想要预测市场，或许是一种无法克制的天性。投资界常以“遛狗说”来形容市场价位的波动。就像遛狗时，狗有时跑在人前，有时跑在人后，市场价位也是有时高于真实价值，有时低于真实价值。市场的起伏波动，是在长期的经济成长走势、中期的货币政策宽松程度,以及短期的群体心理波动情况等很多因素综合交互作用下形成的。这些因素并不是恒常不变的,如果存在锚定效应偏误的心理,那么,要想对市场价位水平做出长久准确的预测,实际上是很难做到的。

获得长期成功的投资者,往往具备很灵活的成长思维(Growth Mindset),会避开小样本和定性思维(Fixed Mindset)的干扰。成功的投资者不会对市场有强烈的成见,定锚不深。聪明的投资者,应该像随时准备扬起风帆的船一样,当机会的风一来,可以很快出航。

投影偏差

经济学家在办公室中做了一次实验,要求工作人员选择一种健康的零食或一种不健康的零食试用。第一组工作人员在饥饿状态下(午饭前)接受调查,第二组工作人员在饱腹状态下(午饭后)接受调查。结果发现,第一组人员中有78%的人选择不健康的零食,而第二组中仅有42%的人选择不健康的零食[1]。又例如,虽然天气预报系统已经能够做出相当准确的预测,但研究发现,在较冷的日子里,人们容易高估自己对御寒物品的需求[2],往往会大肆采购未来才能送达的食物,而并不是满足于当下肚子很饿的需求;同时也会采购未来

[1] READ D, LEEUWEN B. Predicting hunger: The effects of appetite and delay on choice. Organizational behavior and human decision processes, 1998, 76(2): 189 - 205.

[2] CONLIN M, O'DONOGHUE T, VOGELSANG T J. Projection bias in catalog orders[J]. American economic review, 2007, 97(4): 1217 - 1249.

才能送达的御寒物品，而并不是满足于当下很冷的需求。

人们在不知不觉中，会做出这样看似不理性的行为。这是因为人们往往**将当下的偏好投射到未来**，作为决策判断的依据，这种低估自己在未来的适应程度的情况，就是典型的**投影偏差**（Projection Bias）。读者不妨想想，自己在肚子饿的时候，是不是容易买更多的东西？精明消费的守则有一条——吃饱了再上街购物。这是因为在饥饿状态下，人们会觉得自己的需求必须被满足，不知不觉便大肆采购不必要的零食。

消费行为如此，类似地，投资决策也会出现近期偏误。在投资中，反思自己是否有这一行为，对处于不同时点的跨期决策具有重要影响。人们在选择股票或基金的过程中，常常喜欢通过近年表现来判断是否投资。在我国A股市场中，很多散户投资者倾向于通过近几日内的表现决定投资策略，往往忽视了资产报酬的周期性变化，容易被近期表现优异的股票或基金吸引。然而，过去的绩效并不是未来绩效的保证，现在的投资部位以及选股逻辑，才是我们更需要关注的部分。

第12讲
一时糊涂的决策？

做出投资决策往往需要先收集信息，反复琢磨，然后采取行动，从实际体验中验证自己的想法。行为金融学家发现，即使人们正确认识并考虑到自己的偏好和信念，在决策的过程中，仍会受到很多因素干扰，有时甚至仍然会糊里糊涂地做出决策。例如，人的注意力有限，容易被问题呈现的方式框定了决策，进而“跟着问题走”，出现**框架效应**(Framing Effect)。同时，人们在社会压力下，有时也会“跟着别人走”，采取和别人同样的行动，出现**羊群效应**(Herding Effect)。

框架效应

当你走进餐馆点菜的时候，会不会受到菜单的设计方式的影响呢？会不会事先参考网络上的评论呢？许多不知道要吃什么的人，最容易点的可能就是套餐。这是因为人的注意力有限，决策时会受到问题呈现方式的影响。同样的问题在不同的框架下，可能会得到不同的回答。如果一个问题存在多个不同的选项，则这些选项的编号、前后位置等因素，都将影响答题的结果。框架效应偏误便描述了决策框架的设计对行为的影响。

拓展

有关框架效应的一项实验

有一项实验设计如下，首先让受试者在以下两种情况中进行选择[1]：

---

[1] TVERSKY A, KAHNEMAN D. The framing of decisions and the psychology of choice[J]. Science, 1981, 211(4481): 453-458.

A. 确定收益2.5英镑；

B. 25%的机会获得10英镑，75%的机会获得0英镑。

然后，让受试者继续在以下两种情况中进行选择：

C. 确定损失7.5英镑；

D. 75%的机会损失10英镑，25%的机会损失0英镑。

以上四个选项的期望值是一样的。然而实验发现，在前后两组实验中，人们面对收益和损失会做出不同的选择。可见，问题的表述框架和提出方式，会对人们的决策行为产生影响。

框架效应在金融市场中有着重要应用。上市公司发布的信息会对股价造成影响，当同时有多条信息需要发布时，应该采用什么发布方式和发布顺序，才能达到最佳效果呢？芝加哥大学教授理查德·塞勒提出了四个原则：

1. 如果有几个好消息，那么分别发布，因为可以经历多次快乐；

2. 如果有几个坏消息，那么一起发布，因为承受一次打击的痛苦相对较小；

3. 如果有一个较大的好消息和一个较小的坏消息，那么一起发布，因为好消息的快乐将抵消坏消息的痛苦；

4. 如果有一个较大的坏消息和一个较小的好消息,那么分别发布,因为至少可以享受一次快乐。

在财富管理业务中,理财顾问运用框架效应,可以提升客户的满意度。例如,当存在有利的投资机会,以及客户的几项投资获得良好表现时,同时告知不如分批告知,这样客户的满意度可以更高。

社会压力(Social Pressure)

当自己的观点和行为不同于多数人时,你是不是也曾经历自我怀疑,特别需要鼓起勇气呢?人在社会中群居生活,与他人有着千丝万缕的联系,容易形成一种互动模式,会**依据自己所理解的对方,获取信息,并进行相应回馈**。例如,同学聚会时听到某只股票好,由于与同学有较深的交情与了解,人们容易不经过完整查证,便直接采取跟随行动。人与人之间的往来关系中所包含的角色意识,也可能会影响决策。财富管理机构发现,一对夫妻或者一对父子一起找理财顾问进行咨询时,和单独一位客户进行咨询时,行为决策会有所不同。

理财顾问推荐产品的动机,并不全是追求高佣金,理财顾问有时也会从同行或竞争者那里提取信息,因为理财顾问会认为“其他同行都推荐这样的产品,他们一定已经做过研究了。我如果不推荐,客户会跟别人买”。在金融投资界,各家分析师的研究报告经常跟随大市的方向,少有能排除众议指出盲点的。可见在有社会压力的时候,行为决策会变得和平时不同，也未必都是正确的选择。特别是在重大踩雷事件发生之后，人们检讨为什么这么多专业机构，会发布如此一致的报告，继续买进这么明显的“地雷”呢？这究竟是华尔街的阴谋作祟，还是“群体盲思”（Groupthinking）现象呢？这也许是个有趣的研究课题。

关于社会压力，有个著名的心理学实验：首先发给每一位被试者两张卡片，第一张卡片上有三行长度相差很大的横线，第二张卡片上只有一行横线。然后询问被试者，第二张卡片中横线的长度最接近第一张卡片中的哪一行。被试者单独完成任务的匹配准确率达到98%。在实验组中，在4—8名参与者一致选择错误答案后，被试者再选择（被试者不知道这4—8人是故意选错的），往往也会选择错误[1]。

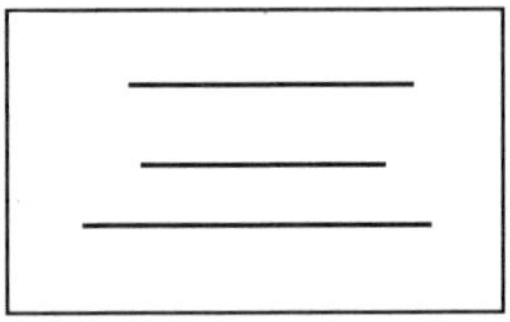
卡片一

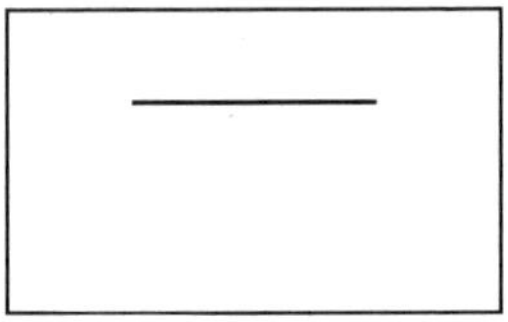
卡片二

羊群效应

羊群效应偏误，就是一种典型的“跟着别人走”的决策。日常生

[1] ASCH S E. Effects of group pressure upon the modification and distortion of judgment in groups, leadership and men, ed [M]//. Groups, Leadership and Men, ed. Harold Guetzkow, 1951, 222-236. Pittsburgh: Carnegie Press.

活中,在过斑马线的时候,当前后左右的人群一起迈步时,你是不是也不会抬头看红绿灯,就一起过马路呢?投资的时候,由于掌握信息不充分和对市场缺乏了解,不明就里的投资者,往往会通过**观察周围人群的行为来提取信息**。

入市的行为会吸引其他投资者进入,进而推动股市进一步上涨,吸引更多本来对市场没有兴趣的散户加入投资热潮。索罗斯认为,“盲目的跟风行为,是剧烈波动的市场崩溃的必要条件”。在“羊群跟风”的作用下,个体理性让位于集体非理性,市场中会出现大量追涨杀跌的现象,因而在短期内推动市场异常波动。

拓展

羊群跟风行为

2016 年 4 月,短线交易者和渴求收益的财富管理公司,涌入中国大宗商品期货市场,相关资产交易规模随即迅速增长。铁矿石等一些大宗商品期货的日交易额大幅飙升,有时甚至超过了中国年度进口总额。某日上海钢铁期货的交易额甚至超过了中国股市的成交总额。种种现象与 2015 年股市暴跌前的情形如出一辙,迫使中国各大期货交易所迅速采取行动,试图通过提高期货合约的交易手续费和保证金标准等措施,为投机热潮降温。

回顾历次金融危机,真正的暴跌出现之前,都曾有过短期的市场癫狂,背后也不乏“羊群投资者”的身影,例如:

1929年美股大崩盘之前，美国总统和财政部长先后为繁荣背书，刺激了大量原本从事不同职业的人转变为投资者，加剧了股市的疯狂程度，最终结果是股市暴跌和经济大萧条。

美国1996—2001年间的互联网泡沫中，许多投资者认为高科技股必然上涨，于是集中买进，最后在崩盘后损失惨重。

美国2008年次贷危机爆发前，楼市看起来欣欣向荣，无论是房屋的买卖双方，还是房地产市场的投资者和贷款者，都表现出盲目的乐观心态。各类相关衍生工具，也几乎采用了同类的经济模型和交易策略。随着博傻游戏不断地自我强化，非理性繁荣加速终结了市场多头走势。

次贷危机前后，美股同样表现出明显的追涨杀跌现象。讽刺的是，在市场掀起轩然大波的，往往只是少数人最初有意或无意的行为。但从跟风而上的后果来看，在市场向理性中枢回归的过程中，"领头羊"或许能够独善其身，而跟随的"羊群"却往往成了惨烈的牺牲者。

我们应该尝试摆脱框架效应，走出社会压力，避免羊群效应。但知易行难，这些行为偏误根植于我们的内心深处，会潜移默化地对我们的行为产生影响，以至于我们常常只能在事后幡然醒悟。例如，

2020年，受白酒类股票上涨的影响，相关基金业绩的表现喜人，明星基金的申购异常火热。基民们甚至为一些基金经理成立了“全球后援会”，明星基金经理享受到了影视明星般的待遇。在明星效应的带动下，投资者参与基金的热情被进一步推向高潮。许多从未投资过基金、股票的人，也纷纷参与到股票型基金的申购大潮之中。但好景不长，2020年春节过后，白酒类股票突然出现连续下跌，令无数投资者折戟沉沙，在短短数十个交易日内重新赎回基金，不仅投资亏损，还白白付出了申购赎回费用。

这一事件的背后也有着羊群效应的影子。当局者迷，投资者需要更加谨慎地做出自己的判断，避免受到外在非理性因素的干扰。此外，监管层也需要警惕金融市场中的“羊群活动”，避免羊群效应对投资者的资产和信心造成损害。

第13讲
决策的情绪密码

决策的过程除了会“跟着问题走”，“跟着别人走”之外，有时还很容易受到个体情感（Emotions）的左右，从而**“跟着感觉走”**。这是由于人们想要让自己感觉好些，希望避开某些负面的情感。散户经常凭借自身的感觉做出交易决策，从而出现**现存状态偏误（Present Bias）**、**保守性偏误（Conservatism Bias）**和**乐观偏误（Optimism**

Bias）等。这些行为偏误都与人的个体情感直接关联。另外，投资者由于害怕投资失误，而无法采取决定性行动，也容易出现**避免后悔型偏误（Regret Aversion Bias）**。

现存状态偏误

假设你集中大量资金购买了某些公司的债券，就在刚刚完成交易后，理财顾问建议你购买一些政府债券，来降低组合风险。理财顾问通过实际市场数据，证明这种调整确实可以改进投资组合的表现。这时，你会不会选择一动不如一静、静观其变、以不变应万变呢？选择不进行任何改变的投资者，可能具有现存状态偏误，这是一种典型的情绪型偏误。人们不愿意改变现状，在不确定性面前，偏向于选择阻力最小的道路，即等待和观望，拖延的倾向超过了投资决策的意愿。这时，人们即使面对符合他们认知的事，可能也不会采取任何行动。

经济学家发现，某公司的员工之所以大多数被排除在公司的养老计划之外，是因为他们出于惯性，懒得主动加入计划。于是，经济学家建议改用助推（Nudge）的方式。原本该公司为员工制定养老计划后，员工需要主动申请参与计划，如未申请则视为不参加。为了提高养老保险计划的覆盖率，公司改变策略，自动将公司员工纳入计划，但是允许员工主动申请退出，也就是将默认不参加变为默认参加。改动之后，该公司的养老计划参与度大大提高了。

对于现存状态偏误的修正，有些人采用“留一半割一半”的方法。

有些人采用确定的时间表,例如每月定期投资某个固定金额,定期审查和调整投资组合。总之,建立另外一种新习惯,可以有效地帮助投资者面对自己的现存状态,进而提升做出修改调整和做出决策的意愿。

克服现存状态偏误,还可以运用系统化的方式。例如有些基金,可以设定分派现金利息或者是单位。选择单位的话,相当于自动再投入。如果市价比较低,基金会多配得几个单位;如果市价比较高,那么基金便少配得几个单位,相当于“自动驾驶仪”。投资者稳坐家中,不需要再次承受选择的痛苦。这样的设计有助于克服现存状态偏误。

保守性偏误

人们有时会坚守既有观点或预测,包括根据过时信息形成的观点,不能理性地对最新信息做出及时的反应,改变自己立场的过程比较漫长,这种现象称为保守性偏误。经济学家对比提供六种果酱和二十四种果酱的商店,发现更多消费者选择去果酱种类较少的店铺,但同时也会买得更少。实际上在投资领域,许多人面对过多的选择时,往往觉得实在太“烧脑”了。具有保守性偏误的投资者容易回避选择,难以做出明智的决定。

乐观偏误

乐观偏误刻画了投资者倾向于对市场状况、经济形势,及其所做投资的未来绩效,持有太过乐观预期的心理现象。许多投资者在潜意识中认为,投资亏损的现象总是发生在其他人身上,只有小概率会发生在自己身上。具有乐观偏误的投资者会忽视大量客观情况,混杂过多主观意见,无法从客观的角度评估现有形势。

人们会轻视职业风险吗?我和我的合作者研究发现,员工很容易对本公司的股票产生乐观偏误,相信自己所在的公司具有超越同行的经营表现,从而将资金过度集中地投资于本公司的股票。另外,也有人指出参与401K计划(美国养老金计划的重要组成部分,类似于中国的企业年金)的员工,会将养老金账户的1/3投资于自己公司的股票。而且每五家参与401K计划的公司,就有一家公司的员工,将养老金账户50%以上的部分,用于投资自己的公司。要克服这种现象,需要政策上为养老金投资账户提供多样化的投资机会[1]。

避免后悔型偏误

投资心理的"小剧场",若是上演起感情戏,往往是爱恨情仇交织,贪婪与恐惧迭替。最终,人们往往让情感因素主宰了金融决策,甚至因此裹足不前,难以做出决策,避免后悔型偏误便是如此。

---

[1] LEE Y-T, LIU Y-J, ZHU N. The costs of owning employer stocks: Evidence from Taiwan [J]. Journal of financial and quantitative analysis, 2008, 43: 717-740.

案例

小方轻轻叹了一口气，准备向太太坦白交代：之前小方看上了一家很有潜力的公司，因为市场整体疲软，这家公司一个月内股价下跌了30%。小方做了功课，知道产业前景十分看好，公司对于技术创新有着相当大的投入。小方觉得这是一个非常好的买入时机，但迟迟犹豫不敢买入，害怕买了之后会下跌。因为这只股票下跌起来，可真是又急又狠。

几天之后，某个著名的财经杂志提到，这家公司接到了大量订单。正面消息一来，公司股价开始迅速上涨，很快超越了原先的起跌点，一路推升到了新的高点。小方一开始没有出手，此时也只能干瞪眼，望股兴叹，不敢再追，为在低谷时错失良机而后悔不已。

过了一段时间，机会又来了。小方吸取了之前的教训，在股价下跌15%时及时买入了另一家有实力的公司的股票。市场恢复后，公司股价不只重新上涨，回到了起跌点，之后还继续上涨了15%。朋友对他说："这家公司的股价上涨很快啊，你现在卖出去能赚30%呢，快行动吧！"

小方想："说不准之后股价又要一路创新高呢，我现在卖出去岂不是赚少了，这回我得好好地抱住！"但事不如人愿，此时股价跌回小方的成本附近了，空欢喜一场，小方再次后悔不已。不知怎么回事，白花花的钞票总是与自己擦身而过，上回行动错误只是没有赚到钱，这回可是切实的亏损了。虽然亏的不是很多，但小方天天看着屏幕上的数字跳动，想到这是自己点点滴滴辛苦积累攒下来的钱，心里很是自责和内疚。

小方太太静静听完后说："是的，这是人之常情——赚钱的股票后悔买太少，赔钱的股票后悔买太多。卖出后一路上涨的后悔太早离场，买进后一路下跌的后悔太早进场……"

小方说："我确实一直有这毛病，能怎么办呢？现在这只股票小亏了点，我还该不该继续坚持呢？"

小方太太说："我评估你呀，研究做得不错，看上的公司股票也确实能有所表现。不如你试试在买入之前，写下交易的理由，不需要多，只需要精简地写下你看好的三至五点理由就行。**一旦这些理由不存在，那就是该卖出的时候。**我们也可以分工——你做研究，我做买卖决策。我不管你的买价成本是多少，也不管现在市价是多少，我只问你持有这只股票的理由还在不在，理由还在的话，就应当坚持下去！"

在上述案例中，像小方这样常常处在后悔中，由于害怕投资失误而无法采取决定性行动，就是**避免后悔型偏误**。其实，在大多数情况下，资产短期波动并不影响我们的生活。行动错误给投资者带来的后悔和痛苦的程度,远大于错误本身。投资是为了让生活过得更好,如果总是因为股价的上上下下而活在后悔中,对心理健康也有影响,那多不值得。不妨放宽心别纠结,少盯着屏幕,多学点行为金融。

个体的情绪是会积累的,例如担心错过行情(Fear of Missing Out,FOMO)。市场一路向上走时,投资者的压力会不断地积累,不得不投入以迎头赶上,很容易动摇了原定的原则与目标,进而改用风险较高的操作方式,期望能够提高短期绩效。这种情况特别容易发生在一些将年度绩效当作排名竞赛的基金经理身上。有些家庭资产分散在3—5家理财机构,需要向其他家庭成员报告投资绩效的管理者,也很容易陷入这种情况。投入交易的真正原因,不是发现好的投资机会,而是担心面对错过行情的负面情绪。

情绪也是可以转化的。在成功人士的身上,我们往往能观察到一种将负面情绪转化为奋斗精神的力量,将人生境界与成就带到更高的层次。可见,情绪并不全是坏东西。人的情绪与生俱来,受情绪左右是很自然的事,重要的是要认清当下哪些情绪“唱主角”,是担心恐惧呢,还是后悔呢?然后选择良好的应对方式,才能解开决策过程中的情绪密码。

新型冠状病毒(COVID-19)在全世界传播以来,全球近千家航空公司都面临着停飞、裁员、破产等严重危机。飞行员被停飞了怎么办?还会有工作么?一些基金公司认为,飞行员与交易员一样,需要足够的应对危急情况与管理风险的能力,特别是在**市场大幅震荡或者出现黑天鹅事件时**。即使是在一般情况下,飞行员也会不断地关注天气条件，就像交易员需要随时关注股价与新闻事件一样。所以，从情绪管理的角度来看，飞行员可能特别适合当交易员。

拓展

飞行员可否“转业”为交易员？[1]

伦敦一家小型交易公司借疫情做了一次实验，分析了驾驶飞机所需的果断决策能力用在金融市场上时，能否带来高回报。该公司找来飞行员，给他们提供交易培训与盈利分红，并对损失提供保护。可惜实验结果显示，这些飞行员总体上都是亏损的。飞行员在驾驶舱中表现出来的纪律与控制力，反而导致他们持股期间较长，不愿轻易承担风险。因为参与实验的飞行员们知道，损失一整架飞机上的人命是非常严重的事情，要确保这种事情不会发生。相比之下在一笔交易中损失几英镑，并不意味着世界末日的来临。

飞行员在交易的过程中，的确表现出了良好的控制能力与遵守交易策略的纪律，没有因为过度交易或犹豫不决而遭受亏损。这表明，他们在执行交易时，遵循了清晰的交易计划和决策方式，在退出亏损头寸时非常果断。在飞行

[1] NOONAN L. Pilots swap the cockpit for trading screens? [EB/OL]. (2020 - 10 - 15) [2021 - 05 - 01]. https://www.ft.com/content/ee20d5a2-e761-4711-a63b-69bfeafcb482.

活动中，飞行员容易受到高空缺氧、低气压、寒冷、噪声、振动与加速度等环境因素的影响，因此飞行对生理与心理品质有较高的要求。这种果断应对复杂环境的能力，特别适合交易衍生品，因为这些工具的风险管理，对受过复杂的航空和工程训练的人来说不会陌生。

我们并不像飞行员那样，经历过强大的情绪管理与纪律训练，有些人的心情容易跟着股价上上下下，十分焦虑。这样的人不妨考虑尝试其他投资产品，就如同本书一开始提出的，投资从了解自己开始。对于自觉不适合炒股的投资者，市场中还有很多其他适合的选项，例如基金、债券、储蓄型保单或是房地产，价格不会天天有很大的变动。假如你设定的投资目标是保守稳健，就不要为了担心错过行情而纠结。尽量少地踏入自己的情绪陷阱，也算是投资的智慧。

个体置身于群体中，有时也很难分割彼此的影响。群体的情绪一样也会积累和转化，完成反馈需要对事件的论述达成群体共识。这个过程类似于经济学家所说的达到市场均衡。经济会有起伏，市场也会有上下，这些都反映了人群错综复杂的心理状态与行为。诚如坦普顿共同基金集团创办人坦普顿爵士（John Templeton）所说：**“行情总在绝望中诞生，在半信半疑中成长，在憧憬中成熟，在希望中毁灭。”**这正好描述了群众的心理是如何主宰所谓的行情的。坦普顿低风险高回报的投资秘诀，便是觉察到这些市场群众心理，在市场气氛悲观到极点的时候买进，市场气氛乐观到极点的时候卖出。

无独有偶，当代投资大师巴菲特，也有这么一句类似的话："**在别人贪婪时我恐惧，在别人恐惧时我贪婪**。"成功的投资者性格各有不同，有杀气腾腾的，也有静如止水的；投资手法也各有不同，有看趋势的，也有做套利的。就像有人喜欢跳快舞，有人喜欢打慢拳，各有所长。巴菲特曾经描述自己的投资哲学，是善于等待而不随便出手。诚如巴菲特所言，对于一个击球手来说，最重要的是等待合适的时机，然后挥棒击球，取得胜利。

其实，谁也不能准确预知何时该买，何时该卖，何时该耐心等候。成功的投资者尽管手法不同，但仍然可以找到共通之处。他们都很清楚自己在投资时的心理状态，也善于觉察市场群众的心理。不过度自信，也不盲目从众的价值投资法，通常是他们能够成功的重要原因。

思　考

投资者的决策

✧ 人会"跟着问题走"，问题呈现的方式框定了决策，出现**框架效应**。

✧ 人会"跟着别人走"，通过观察周围人的行为提取信息，采取跟别人同样的行动，出现**羊群效应**。

◇ 人会“跟着感觉走”。例如由于害怕投资失误，而无法采取决定性行动，出现**避免后悔型偏误**。

◇ 觉察自己和市场群众的心理，有助于避开偏误，提高投资决策的质量。

第 14 讲
复仇者的告白——投资者个案分析

理财顾问经常需要面对投资者的各种“疑难杂症”。在这里，我们将进一步还原投资者决策场景，深入理解与剖析投资者的行为，为投资者提供一些参考，也为开展投资咨询工作提供帮助。事实上，许多 A 股市场投资者喜欢的是绝对收益，喜欢承担更多的风险，也偏好技术分析与赌博。以下，我们针对一个案例加以分析，来了解投资者为何亏了钱以后不甘心，出现“复仇者”的心态。

案例

在小方的介绍下，同学老 P 和某负责亚太地区财富管理业务的理财顾问见面了。老 P 纵横金融市场多年，在投资过程中，从研究投资标的、做决策，到执行决策，全都靠自己。这次他之所以愿意和理财顾问见面，是因为实在找不到合适的人可以商量。他的困境是这样的：

老P手上重磅持仓了一只股票，公司市值不大，但基本面表现还算不错。此外，3个月前这只股票还搭上了政策开放的题材。老P发现股价跳动得十分活跃，身为实战经验丰富的“老江湖”，老P总能精准选择适当的买卖价位。

老P研拟了一套战术，还写了一个小程序，锁定每天的价差空间，每天收盘之前要买回满手持仓，涨的时候就卖出。3个月内，股价涨了5倍之多，这套战术的回报令人十分满意。一段时间之后，老P觉得有了这套战术，再加上自己的眼光，每天都可以做“好交易”，胆子也壮了。于是，他开始借了一点钱，准备扩大规模，利用杠杆提高收益率。

没想到最近一个多月以来，这只股票突然失去了市场的关注，动力也跟着消失。不但成交量萎缩不少，价格也不再像之前那样每天涨多跌少，都是开盘之后便往下跌，一直软弱无力地跌到收盘。能够掌握的价差空间不复存在，着实令人气闷。这一路跌下来，扣除借钱的部分，自有资金只剩下原本的四成不到。老P实在很想“复仇”，因此求教于理财顾问。

老P说：“我有还款的压力，我知道自己之前借钱炒股是有些贪心，但是我不甘心，公司并没有出什么不好的消息呀！我至少要把本金赢回来才行，这要求股价必须涨200%

以上。可是迟迟没有起色,实在太闷了!我考虑止损,全部砍仓,把资金换到更有希望的股票上。但这一回实在套得太深,这么一砍损失着实不小,要下这个手挺不容易的。因此想请教你,对这个公司的股票有什么看法?它还能不能涨两倍?你有什么好建议?我现在处境特殊,你能不能介绍几只能涨两三倍的股票?”

理财顾问听了不禁苦笑,简单看了看股票的交易记录和基本面信息,发现这个公司的业务规模不大,虽然政策消息利好,但事实上在相关政策执行期间,公司根本没有能力扩张产能,也没有拿下任何新的订单。这场“盛宴”纯粹只是对于一个动听故事的憧憬,而每个疯狂的派对总有结束的一天……

人们对于自己的处境,会生成一种自我解释,以及自认为可行的解决办法。然而旁观者清,所看到的出路也不同。就好比生活中,有些很有才能的人,执着于爱恨情仇而不能发光发热,令旁人看了十分惋惜。或许人真的是“三分理智七分情感”,在投资的世界里,决策与行为受情绪影响的大有人在。不甘心的、过度恐惧的、后悔纠结的、踌躇不前的、冲动行事的……比比皆是。

根据我们所学习的行为金融学知识,您认为案例中的老 P 存在哪些行为偏误呢?首先,从老 P 的“告白”之中可以发现,老 P 亏了钱以后,受困于不甘心的情绪,出现类似“复仇者的心态”,越发想要寻找投机性质高的博彩股(Gambling Preference),还借了钱,期待股价反弹之后大赚一笔,这是走了偏路。老P的行为偏误越陷越深,最终把自己逼到了墙角,失去了还手之力。

太想要翻本的心理必须彻底消除,否则只会越亏越多。理想的投资状态是：长远且稳妥地将正回报安然入袋(Disposition Effect),在心理和财务上划定能够承受的输钱范围,让自己长久地留在战场上,谋定而后动。不随便仓皇地砍仓,也不随便出手去接急速下坠中的"刀子",稳中求胜,保持心理上的从容不迫,以及财务上的宽裕空间,这才是投资的正途。

那么,是不是所有的行为偏误都可以被修正呢?在行为金融领域中,并不是所有的行为偏误都可以被轻易地修正。人类的大脑和心智情绪的运作模式,在生物科学上还是个待解的谜团。即便如此,即使在科学不发达的年代,人类也从未停止探索过自己的内心,试图理解他人的努力也不曾间断。

行为偏误的两大来源——情绪与认知

"**情绪型偏误**"源自直觉,并非个体有意识的计算产生的,这种偏误较难被旁人纠正。投资者必须自觉地依靠自我反思来逐渐修正。

"**认知型偏误**"由个体的认知缺陷造成,这种偏误可以通过他人的帮助,包括提供事实信息、给予建议、进行投资者教育等方式进行修正。

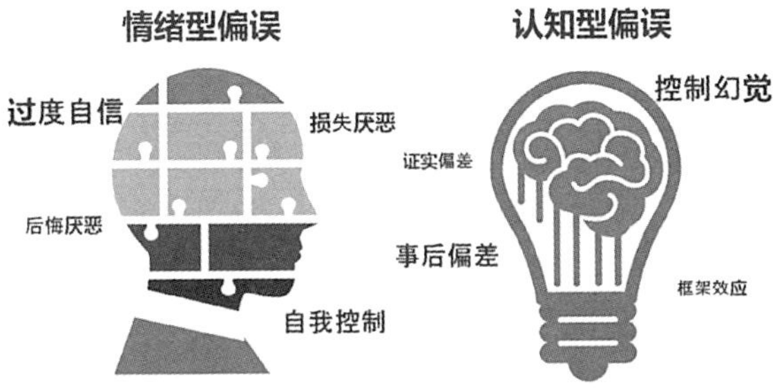

行为偏误的两大来源

财富管理行业从业者需要知道哪些行为偏误是有机会修正的，哪些是根深蒂固的；也要明白，这些行为偏误的源头有时盘根错节，未必能够明确地划分。本书从各种层面展开，剖析、解释行为偏误的根源，实际在做判别与运用的时候，还要回到对人性的认识，以及对个人的全盘理解上来。

即使是经验丰富的理财顾问，具备“同理心”，可以感知他人的情绪，事事都想尽力引导；但也要明白，诸如性格、情绪带来的行为偏误是别人难以修正的，强行介入很有可能导致业务关系的破裂。例如，某个投资者拥有大量财富，过去的成功经验使他对自己存在严重的过度自信，喜欢将大量资金重压在少数几支看好的个股上面，没有做好分散风险的工作。理财顾问虽然向他提醒了过度集中的风险，但忠言逆耳，客户未必会接受。倘若该投资者自信满满，逻辑理据清楚，理财顾问要求他大幅减少投资比重，对客户而言，也未必是最好的结果。甚至客户可能会认为，就算亏钱也是自己的决定，认为顾问的投资眼光并不如他，阻挡了他赚钱的机会，业务关系可能因此无法维持。

理财顾问需要学习评估，运用经验知识和智慧，根据该偏误的影响程度，结合投资者独特的财富和心理状况，有差别地选择顺应，或是部分修正其行为偏误。特别是“赌徒型”的个人投资者，通常具备研究的热情，有丰富的交易经验，并且能够果断地执行决策。对于此类型的投资者，理财顾问可以起到避免重大损失的纪律制衡效果，成为顾客的“安全网”。通过提示风险，善加运用资产配置模式的安全区隔，有效地减少“深套”和“融资追缴、被迫砍仓”的金额，从而显著地提高整体收益率。有些投资者其实也知道自己的问题，和理财顾问讨论后，愿意接受新的资产配置模式，愿意有纪律地划分一部分资金为安全资金，一部分放手搏一搏。

寻找深陷危机的债券，借由积极地避免重大损失，提高收益率，是著名的橡树资本管理公司(Oaktree Capital Management)最拿手的投资策略。投资团队的格言是：“**如果我们能避开输家，赢家自会表现**。”(“If we avoid the losers, the winners will take care of themselves.”)

凯恩斯(1883—1946)是英国著名的经济学家，也是现代宏观经济学的奠基人。凯恩斯主张利用财政和货币政策来减轻经济衰退和萧条的不利影响。他在1936年出版的巨著《就业、利息和货币通论》中详细阐述了这些观点。他的理论从根本上改变了宏观经济学的理论和实践，至今仍深深影响各国政府的经济政策。那么，他在股票市场的表现如何呢？

我们今天能幸运地窥探投资者凯恩斯的表现，要感谢大卫·钱伯斯（David Chambers）等经济学家。他们记录了凯恩斯为剑桥大学国王学院（1919—1946）捐赠基金所做的投资[1]。详细分析这些宝贵的数据资料，可以看出凯恩斯的交易行为与绩效。

拓展

宏观经济学家凯恩斯是一个成功的投资者吗？

背景：在凯恩斯的时代，牛津大学和剑桥大学都要受到学院章程和19世纪中期英国的《受托人法》约束，该法限制了对高质量固定收益证券的投资。1921年，凯恩斯果断地发挥了他的影响力，说服他的同事们将捐赠基金的一部分划分为"全权投资组合"，来自由地进行投资。

数据：凯恩斯在25个年度中的投资，只有6个表现不佳，其中4个表现不佳的年份是1923年、1926年、1927年和1928年，当时英国股市表现强劲。他没能预见1929年9月之后股市的大幅下跌，也没能避免1930年股市下跌14.2%带来的损失。

选股能力：根据资产定价因子（Fama-French）模型，市场风险、股息与规模因子都不显著。因此，没有证据显示凯

[1] CHAMBERS D, DIMSON E, FOO J. Keynes the stock market investor: A quantitative analysis[J]. Journal of financial and quantitative analysis, 2015, 50(4): 843-868.

恩斯拥有选股的能力。

主动投资能力：凯恩斯对于表现最好的5只股票有稍微加重投资的迹象，但对于表现最差的5只股票则明显减少了投资。

短线交易能力：依据凯恩斯持有股票的时间长短，经济学家分别考察了持有时间在2个月以下、2—12个月以及12个月以上的股票表现。令人惊讶的是，凯恩斯是一个非常杰出的短线交易者，在大多数时间段，他的短线投资都能够获得两位数的年化收益率。相比之下，他的中长期投资表现并不稳定。

从上面的讨论中可以发现，即使是一位伟大的宏观经济学家，凯恩斯也没能预见1929年经济大萧条下股市的大幅下跌，没能避免1930年股市下跌带来的巨大损失。但是，在多数情况下，凯恩斯是赚钱的。以市场惯用的盈亏比来说，他是一个优秀的投资者。凯恩斯的投资哲学在前期投资表现不佳后发生转变。投资前期，他采用自上而下的宏观投资策略——“投资的信贷周期理论”[1]；1933年后，他转而采用自下而上的方法。同时，他认为正确的投资方法，是把相

[1] 经济学家发现信贷周期是经济周期的重要特征之一，交替的信贷膨胀与收缩，经济增长与衰退之间存在密切关系。凯恩斯认为投资率相对于储蓄率的波动引起了信贷周期。感兴趣的读者可以阅读凯恩斯所著的《货币论》(1930)。

当大的一笔钱投到自己了解的企业里去，投到自己完全相信的企业里去，这与巴菲特的投资方法殊途同归。

第15讲
直捣十大行为偏误

前文中，我们敲开了行为金融学的大门，了解了人性与投资的关联，也洞悉了反映人群心理与行为的市场。经验丰富的投资者，较能体会心理素质对投资决策的深刻影响。在过去，所谓投资的心理素质，或者投资的内在能力，定义十分笼统，只能意会，难以言传。投资的逻辑与决策，在关键时刻的拿捏与转换，不能完全用数字或者模型做出科学化、系统化的解释，成功投资者的投资方式，更像是一门艺术，而非科学。

经过行为金融学的系统梳理与解释，我们知道决策过程会受到偏好和信念的影响，交织着情绪和认知的作用。行为偏误这种看似稀松平常的经验，却深深地影响着我们的财富水平。得益于行为金融学的抽丝剥茧，投资者在面对投资偏误的时候，能够尽快地发现并修正自己的错误。

让我们回顾一下，本书所介绍的十大常见的行为偏误：过度自信、自我控制偏误、损失厌恶偏误、心理账户偏误、禀赋效应偏误、锚定效应、投影偏差、框架效应、羊群效应和避免后悔型偏误。

过度自信

过度自信非常普遍，主要表现为投资者的风险意识和资产配置较为薄弱，容易出现频繁的过度交易、分散不足等现象。过度自信的投资者，主观地认为自己的实际能力和表现优于平均水平，落入深信自己“独具慧眼”的信念误区。他们容易忽视投资所需要的基本功，认为自己很成功，不需要听取别人的意见，预测时也容易低估最小风险，并倾向于把期望值确定在很小的区间中。与过度自信偏误相关的有：自我归因偏误、后见之明偏误和控制错觉偏误。

拓展

自我归因偏误（Self-attribution Bias）

自我归因偏误是指个体倾向于将成功归功于自我禀赋，譬如天资聪颖或很有洞见，而将失败归咎于外在影响。这种投资者可能有自我拉抬(Self-enhancing)的倾向，容易高估自己获得成功的能力，或者也会寻求自我保护(Self-protecting)，以逃避失败事件的责任。

例如，在面对考试结果时，考得好的人可能总是赞许自己知识渊博，而考得不好的人则抱怨题目出得不合理。有些运动员赢了比赛，可能会归功于自我的优越技能，但如果输了比赛，可能会提出判决不公等借口。投资者也一样，有人倾向于将投资成功归因于自己的专业判断与果敢行动，而将投资失败归咎于运气不好等外在因素，而非自身的判断有误。

后见之明偏误（Hindsight Bias）

回顾历次金融危机、股市崩盘事件，我们发现了一个有趣的现象：在危机来临、股市泡沫破灭之前，市场中存在着大量的投资者和分析师，总认为“这次和以前不一样”，“这次上涨是有实际支撑的”。然而当危机真正来临时，市场上的声音纷纷转向，变成“我早就知道泡沫化现象非常明显”。对预测未来事件的能力过于夸大，可能使得组合配置过于偏颇。实际上，即使经验丰富的投资者，也很难准确预测市场，特别是当市场走势出现转折的时候。尽管事情发生时，当事人并不知情，但在事后仍会坚持声称“我早就知道这件事会发生”。

控制错觉偏误（Illusion of Control Bias）

生活中不乏一些人，会毫无依据地认为自己可以控制事情发展的结局。例如，彩民在购买彩票的过程中，常常会觉得自己那组号码来自特别的启发，具备特殊的意涵，比电脑随机选择号码更加容易中奖。实际上，采用哪种选号方式并不会影响中奖的概率。在过去，很多民众甚至会到庙里烧香拜佛，祈求佛祖的指示。有趣的是，在电影中，有些赌客想要好牌时，会集中精神，甚至念念有词；想要大的数字时，会用力投骰子，有的人还会对骰子呵一口气；等等。但是，不管在投资领域中如何运用意志力，都丝毫影响不了市场。投资者如果坚持这么做，就是出现了控制错觉偏误。

过度自信较大程度属于情绪型偏误，个人投资者难以将绩效做客观的排位评比，旁人也很难与之争执究竟谁看得准。因此，建立投资纪律、做足基本功、坚守资产配置原则、建立“安全区隔”、适度地分散风险，常常反思“如果我看错的话，这笔投资最坏的情况是什么”，以及建立“容错空间”等做法，都有助于减少过度自信所带来的损害。

人各有所好，具有很强时间偏好的人，总希望能够立即得到满足。因此，评估风险与回报时，也要盘点自己的时间资源，理顺时间偏好。

心理账户与禀赋效应偏误

在风险偏好之中，**心理账户**和**禀赋效应**，是对于金钱来源或用途的差别对待，属于情绪型偏误。投资者需要善加运用，把实际账户跟心理账户对接上，建立起自己的储蓄习惯和投资纪律。同时，也要留意从整体财富的角度来思考风险偏好。

损失厌恶偏误与处置效应

损失 100 元带来的痛苦，比赢得 100 元带来的快乐强烈得多，这是**损失厌恶**的表现。**处置效应**则牵涉到盈亏基准点的改变，表现为投资者具有“持有坏股”或“抛出好股”的倾向，止盈相对比较简单，止损总是太难。突破这个关卡，才是投资功力提升的关键。

处理亏损持仓的股票，首先需要评估投资标的是否仍然具备赢利能力。市场价格有随机波动的成分，未必能够形成主要的趋势。投资者如果太在意短期绩效，以短暂的输赢为判断标准，盈亏基准点一旦改变，就放弃原来的投资原则，很容易被随机性愚弄。在投资进场之初就拟定退场方案、写下买进持有的理由、进场时预设好投资目标与投资期限，都是能够帮助投资者减少偏误的做法。然后，投资者可以按照自己的时间、资金等限制因素，评估继续持仓的财务条件，进而决定是砍仓，还是继续坚持。

锚定效应、投影偏差、框架效应与羊群效应

投资决策往往需要先收集信息。若信息处理走了捷径，不经审视地、错误地移植了可用信息和代表性信息，估计数字时锚定在某个初始值上，便会出现**锚定效应**；将当下的偏好投射到未来，便是**投影偏差**；决策的过程受到干扰，例如注意力有限，问题呈现的方式框定

了决策，就会出现**框架效应**；从别人的行为中提取信息，盲目跟随别人的行动，则会出现**羊群效应**。

模糊趋避偏误与排序偏误(Ranking Effect)

人们厌恶不确定性，有时会出现模糊趋避偏误(Ambiguity Aversion Bias)。例如，因为不熟悉国外，感觉朦朦胧胧，因此倾向于集中投资本城本地，就属于家乡偏好(Home Bias)。相似的情况也会发生在集中投资少数几个熟悉的产业或个股上。

手机应用程序(App)等移动端的金融服务，大大提高了投资者的投资效率，使得金融服务不再受到时间和空间的限制。小小的手机屏幕，将投资者和金融服务提供商连接起来，使得投资者可以用碎片化的时间，方便地获取信息、执行交易，大幅提升了投资决策的便捷性。科技的赋能，不只改变了人们的生活方式，也改变了人们的决策模式和金融投资行为。运用移动互联网(或手机应用程序)进行投资，如何影响人们的投资绩效呢？我和合作者的研究发现，排序偏好的存在，使得投资者在手机上进行投资时，行为偏误加剧，因而更容易亏钱[1]。

手机投资者(使用手机进行投资决策的人)有更强的排序偏好，即偏好排名靠前的投资标的，并且排序偏好会降低他们的投资绩效。

[1] 江嘉骏，刘玉珍，陈康. 移动互联网是否带来行为偏误——来自网络借贷市场的新证据[J]. 经济研究，2020(6)：39－55.

手机投资者的排序偏好,主要受到信息搜索和外部干扰两个因素的影响。即使是有经验的投资者,可能也无法避免。研究发现,手机投资者更有可能在外部环境的干扰和时间压力下,做出次优选择;手机投资者与电脑投资者的排序偏好的差异也会增大。

从消费者保护的角度出发,考虑到手机投资者有更严重的行为偏误,无法充分利用信息做出最优的投资决策,监管部门应当对手机投资软件制定更为科学细致的信息披露标准与规则。相关法规不仅应当规定信息披露的种类,还应更细致地规定信息展示的格式与大小,以及信息陈列的顺序,对投资者进行适当的风险提示,从而改善投资者的决策环境,引导其做出理性的投资决策。比如,关于风险的关键信息,在投资 App 中展示时,应使用较大字体或较为突出的颜色;在醒目的地方标注出默认的排序标准,并提供多种的排序方式供投资者选择,确保手机投资者在认知资源有限的情况下可以优先注意到风险提示,从而避免信息多而不突出的情况,导致投资者只能运用启发式的决策方式,选择排名靠前的投资标的。

很多人没有真正下功夫厘清完整的事实,就带着原生的信念进入市场,这种情况属于认知型偏误。投资者由于信息掌握不充分,对市场缺乏了解,会不明就里地陷入误区。存在认知型偏误的投资者,比较容易通过获得完整信息,接受投资者教育等方式打开视野,搜寻各种不同的意见和观点,取得全面深入的认识。因此,应该鼓励投资者关注和了解多方面信息,对新知识和新事物保持开放的态度,避开小样本和定型思维的干扰,厘清投资盲点。

乐观与悲观的情绪，常常左右着我们的买卖决策，很少有人能够下功夫厘清自己的情绪根源。你是否会看到市场跌就悲观，看到市场涨就乐观呢？看见赚钱的股票后悔买太少，看见赔钱的股票则后悔买太多？卖出后一路上涨的，后悔太早离场，买进后一路下跌的，后悔太早进场……像这样常常处在后悔中的人，由于害怕行动错误，为了避免后悔，而无法立即采取行动，这种人具有情绪型偏误。一个人会受到原生家庭父母理财观念的影响，要彻底地透析行动受情绪挟持的缘由，还需要拷问更深层次的财富心理观。

拓展

成功的交易员懂得抽离情绪

神经经济学是一门融合了心理学、神经科学与经济学等学科的理论成果，借此检视人脑如何做决定的学科。研究发现，准备吸毒的毒瘾患者的脑部影像，与正在赚钱并准备下单交易的交易员的脑部影像，居然难以区别！这个发现说明，如果你赚了又赚，就会如同毒瘾发作一样欲罢不能。在买卖冲进杀出时，监测交易员的心跳速率、体温与呼吸等生命征象，发现无法控制情绪的交易员，在市场上的表现通常欠佳。

创立于 1980 年的避险基金——老虎基金（Tiger Fund），全盛时期管理的资产多达 220 亿美元。创办人罗伯森曾邀请心理分析测试人员，参与评估公司营业员的表现。

另一家经营着150亿美元资产的避险基金公司——SAC资本顾问公司的管理者柯恩，常请精神科医师协助交易员工作。巴菲特曾说："你若拥有一般的智力，则需要能够控制冲动的性情，以免像其他投资者那样陷入困境。"

美国斯坦福大学商学院、卡内基梅隆大学与爱荷华大学的研究团队，曾经挑选了具有正常智商的41个人进行实验，刻意让他们玩简单的投资游戏，其中15人在脑部主宰情绪的区域有受损的情况。设定一场20回合决胜负的赌博游戏。一开始参赛者都获得20美元的筹码，在每一回合都会被问是否愿意用1美元来赌硬币的正反面。如果输了，就输掉那枚硬币，赢了可获得2.5美元。

经过数回合后，正常的参赛者都会变得谨慎，选择跳过不玩。脑部受损的人则选择玩到底，最后平均赢得25.7美元，比正常组多3美元。之所以脑部区域受损者的成绩远远超过正常人，是因为恐惧使得脑部正常者，连最基本的风险都不敢承担。

脑部受损的人、对赚钱快感成瘾的赌徒、超级成功的"股神"，这些少数较极端的人，都不会因恐惧而阻碍自己的行动。生物科学对此还在进行研究。读了这本讲述行为金融的书之后，你或许未来也能优化投资领域的大脑特定回路，进而改变行为并提升投资的成功率。

基于心理学的金融学研究尚处于早期阶段，在规范性和严谨性方面还有很长的路要走，行为金融学还有很多重要议题，没有得到合理的解决。例如，行为金融学利用个人选择的行为模型，来解释在汇总数据（市场）中观察到的定价难题和异常。但在个体层面上产生的行为偏误，究竟能否影响市场均衡，还有待进一步论证。

各种行为偏误的度量方法及其有效性，也是行为金融学重点关注的问题。度量行为偏误，通常是通过一系列量化指标来实现的。这些指标经过行为金融学家们的实证检测，具有较高的严谨性和普适性，能够比较合理和客观地描述投资者行为。未来也可以进一步结合问卷调查法、实验研究法和数据分析法，来度量行为偏误[1]。

读者可能已经发现，行为金融学借用了不少行为心理学的问卷与实验方法，来度量投资者的行为偏误。然而，问卷调查法有缺陷。首先，问题通常较为简单，对于个体复杂的决策过程中存在的行为偏误，刻画得不够充分；其次，被访问者并非在真实或模拟的交易环境下答题，因此，问卷对于投资者行为偏误的刻画，可能存在偏差。

行为金融学研究中广泛运用的**实验研究法**和**数据分析法**，很好地克服了这两种缺陷。实验研究法通常基于心理学、行为经济学理论，设计相应的问卷或实验问题，模拟真实的投资决策环境，要求被试者回答特定的问题，或者完成指定的任务，进而对个体的行为特

---

[1] HOFFMANN A, ARVID O. I. , SHEFRIN H. Technical analysis and individual investors [J]. Journal of economic behavior and organization, 2014, 107: 487 - 511.

征、风险偏好程度做出判断[1]。

数据分析法主要基于投资者真实的交易记录,计算行为偏误的有关指标。例如,计算账户交易的换手率,与其资产组合的收益率大小对比,可以衡量投资者的过度交易程度[2];计算账户投资组合中各类资产权重、持有股票总数、投资本地股票占比等,可以评估投资者的分散不足程度[3];计算账户资产组合中浮盈和浮亏的股票比例,以及投资者在不同回报率下的买卖概率,可以评估投资者的处置效应偏误[4];计算账户投资组合中特质性风险高、偏度大的股票比例,可以评估投资者的投机偏好程度[5];等等。

了解投资中的人性,是提升内在投资能力的首要步骤。本章我

---

[1] GLASER M, WEBER M. Which past returns affect trading volume? [J]. Journal of financial markets, 2009, 12(1): 1-31.
POMPIAN M. Risk profiling through a behavioral finance lens [J]. Research foundation briefs, 2016, 2(1): 1-18.

[2] BARBER B M., ODEAN T. Trading is hazardous to your wealth: The common stock investment performance of individual investors[J]. Journal of finance, 2000, 55(2): 773-806.

[3] DORN D, HUBERMAN G. Talk and action: what individual investors say and what they do [J]. Review of finance, 2005, 9(4), 437-481.
GOETZMANN, W N., KUMAR A. Equity portfolio diversification[J]. Review of finance, 2008, 12(3): 433-463.

[4] ODEAN T. Volume, volatility, price, and profit when all traders are above average[J]. Journal of finance, 1998, 53(6): 1887-1934.
BARBER B M., LEE Y T, LIU Y-J, et al. Is the aggregate investor reluctant to realize losses? [J]. Evidence from Taiwan. European financial management, 2007, 13(3): 423-447.

[5] KUMAR A. Who gambles in the stock market? [J]. Journal of finance, 2009, 64(4): 1889-1933.

们结合实际案例，讨论了情绪型偏误和认知型偏误，初步学习了过度自信、损失厌恶、心理账户、锚定效应等重要的行为偏误及其对我们投资业绩的影响。但要想做到“避开输家”，获取“投资成功”，依然前路漫漫。希望读者可以在投资实践中，不断归纳分析自己的投资行为，结合理论知识，直捣行为偏误。

思　考

- ✧ 信念的自我调节，可能会产生处置效应等行为偏误。
- ✧ 小数定律：错误移植小样本的代表性，产生代表性偏误。
- ✧ 投影偏差将最近的投资绩效投影到未来，产生近期偏误。
- ✧ 行为偏误可能来自投资者的偏好、信念、决策。
- ✧ 十大常见的行为偏误，你中了几招呢？哪些属于认知型偏误？哪些属于情绪型偏误？
- ✧ 如果你是理财顾问，面对客户的十大行为偏误，可以用什么方法帮助他们避开呢？
- ✧ 反思自己的投资经历，你是否出现过羊群行为？

理财咨询篇

第 3 章 | 财富管理机构与理财顾问

通过前两章的学习,我们加深了对人性的理解,也初步构建了行为偏误的理论基础。本章将介绍如何借助财富管理机构和理财顾问的力量,进一步将我们内在的能力与外在的辅助工具相结合,提升理财功力。

财富管理机构和理财顾问主要通过财富规划,与客户建立长期伙伴关系。建立长期合作关系要求理财顾问真正地成为客户的好伙伴,其关键在于信任。以信任为基础的理财咨询业务模式,才能为投资者、理财顾问和财富管理公司三方创造共赢的机会。2018 年 12 月,著名的麦道夫旁氏骗局曝光,前纳斯达克董事会主席伯纳德·麦道夫(Bernard L. Madoff)被指控欺诈,涉案金额高达 650 亿美元。但是,这 650 亿美元只是麦道夫事件的冰山一角,此次事件严重打击了投资者对财富管理行业的信任。学者估计,因信任下降而退出市场的资金,约为涉案金额的 20 倍。[1]

---

[1] GURUN U G., STOFFMAN N, YONKER S E. Trust busting: The effect of fraud on investor behavior[J]. Review of financial studies, 2018, 31(4): 1341 - 1376.

国际上相对成熟的财富管理机构市场，除了有**作为金融产品销售者的经纪人（Broker），以产品销售为导向，以销售佣金为主要收入**之外，还有很多**持有注册投资顾问牌照的理财顾问**，主要为客户提供投资建议或资产配置方案，以客户利益为主。为了避免利益冲突，理财顾问主要收取资产管理费。另外，市场上还有**独立金融顾问（Independent Financial Advisors，IFA），既可以与金融机构合作，向机构客户提供投资建议，也可以像注册投资顾问一样，独立于传统金融机构，服务个人，并收取财务顾问费或咨询费**。在国际市场上，这种模式变得愈发重要，因为独立金融顾问能够做到以客户利益为中心，理财服务的过程也会受到监管部门的约束。

中国的财富管理行业有很大的发展潜力。基金投资顾问业务试点工作的开展，更使行业发展迈上了新的台阶。基金投资顾问业务以投资者利益为主，改变了长久以来，以销售代理机构为主导的基金营销格局。除了第三方基金销售机构外，许多传统金融机构，如基金公司、银行、券商等，也纷纷开始发展投资顾问业务。

一般而言，独立基金销售机构从投资者利益出发，推动着财富管理业务的转型与发展。基金公司对市场基金产品更加了解，在构建投资组合策略方面具有优势。银行的主要竞争优势则是拥有庞大的客户群，尤其是高净值客户群。该群体对银行的忠实度较高，为打破刚性兑付、向风险投资业务转型的基金投资顾问服务提供了很好的起点。至于传统的证券经纪业务，得益于大量的散户的存在，积累了大量的券商客户，有了长期且愿意承担风险的宝贵客户资源。

第16讲
为什么“富不过三代”？

随着中国经济飞速发展，金融投资服务逐渐变得五花八门，令人眼花缭乱。想要借助财富管理机构提高投资能力，普通投资者需要首先了解不同的机构提供了哪些不同的金融服务。在成熟市场中，财富管理机构**以个人投资者为中心**，提供全盘量身定制的金融服务，项目包括四类：

一是投资顾问(Investment Consultancy)服务，包括根据投资者的生命周期阶段构建个人投资组合，以及在货币、债券、股票、外汇、第三方共同基金、衍生品、结构性产品等市场中提供咨询与买卖服务。由于各个投资领域可深可广，投资顾问可以再细分成面向不同市场的专职顾问，对个人投资组合提供专业的建议，例如外汇专职投资顾问、基金专职投资顾问等。

二是融资(Financing)服务，即提供投资组合杠杆、保险融资、结构融资交易等服务。机构也可以针对企业创始人和大股东，在公司上市前或上市后的闭锁期间，进行股权融资。

三是财富规划(Wealth Planning)服务，包括遗产规划、信托服务和人寿保险等长期及代际规划服务。例如，运用合法架构，为可能产生家庭纠纷的富裕家族，提供资产保护、资产合法转移和继承规划服务；为需要延续家族精神的企业家，建立家族办公室、设计股权结构、安排慈善事业等。

对前三类服务收取佣金是财富管理公司的主要收入来源。第四类是其他日常银行服务，例如信用卡、支票、汇款等。

资产管理规模较大、以高端客户为主的理财机构，会设置客户关系经理（Client Relationship Manager），作为对接客户财富需求的窗口。客户关系经理就像家庭医师一般，最了解投资者及其家人的财富规划方向，必要时引进不同领域的专家，提供量身定制的财富全盘规划服务。

在大部分国家和地区，有资格接受大众存款的金融机构，都会受到高度的监管。严格的监管和法律规制，保护了大众毕生累积的财富。在成熟市场中，按照监管的要求，财富管理机构也可以进一步细分：根据服务对象的财富净值水平，可以分为为富裕人士、高净值人士（High-net-worth Individuals，HNWI）和超高净值人士（Ultra-high-net-worth Individuals，UHNWI）等三类群体服务的机构；根据业务范畴，可以分为客户导向型和产品导向型两类。前者提供理财咨询、资产配置、理财规划等服务，后者提供金融产品设计、金融交易执行等服务。

投资银行、对冲基金等机构，主要为超高净值人士提供产品导向型服务，包括发展新创企业、融资招股上市、企业分拆等。这些阶段创造的财富，对行业来说是增量资金，即“新钱”（New Money）；零售银行、证券公司、资产管理公司等机构，主要为富裕人士和高净值人士提供客户导向型服务，管理的是存量资金，即“旧钱”（Old Money）；

直销银行主要为富裕人士提供产品导向型服务。不同的财富管理机构、服务对象和服务方式组合如下图所示。

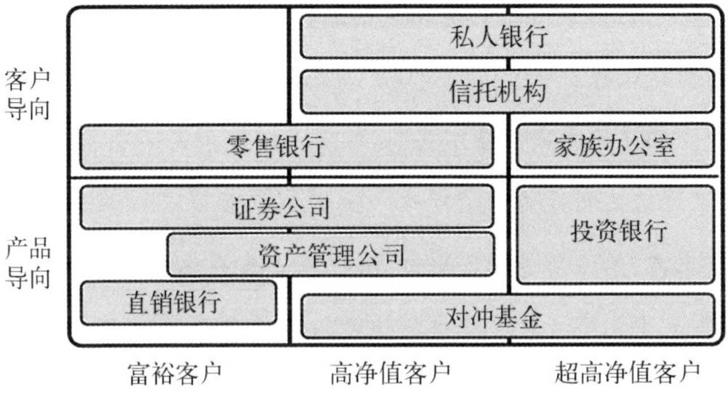

财富管理机构分类示意图

案例

30 多年前,王董事长在江浙地区白手起家。他的两个儿子在 20 年前,先后加入他的企业。大儿子负责管理工厂和研发,小儿子负责接单和财务,父子三人同心协力。如今,企业已经发展到了相当大的规模,王董事长也到了该退休的年龄,接班人的问题就摆上了台面,儿子们也各自盘算了起来。

两个儿子都是王董事长精心栽培的能手,也正值盛年,都表态想当 CEO,好一展抱负。特别是小儿子,他的身边围绕着一群搞金融的伙伴,有板有眼地提出了公司上市的规划。眼看着无限的发展可能，王董事长极为心动。大儿子虽然在财务上比较保守，但是非常擅长产品创新和研发。公司几个爆款的产品，就是他带着一帮搞设计的伙伴们，蹲在工厂里不眠不休打磨出来的。产品是公司的灵魂，王董事长也极为看重。

两兄弟本来感情不错，可接班人问题悬而不决，时间长了，兄弟之间开始有了疙瘩。他们都放话说："如果当不成接班人，干脆拿着自己那份，出去搞一番事业。小一点无所谓，至少能有经营管理权和控股权。"王董事长以前总想得简单，以为公司的股权将来两个儿子一人分一半，平均就得了，从来没想过什么制衡机制。现在还在同一屋檐下，兄弟俩就有了小疙瘩，倘若真分了家，两兄弟必然成为竞争者。商场难免厮杀，如何才能维系家人这份血浓于水的感情？

王董事长看着两个儿子，心里明白，各有各的好，能齐心才是最好，只有齐心才能将家族企业发扬光大，增加公司价值和家族财富。更重要的是，保全家人的亲情才是他心头所系。然而，一把手只能有一个，王董事长必须设计一套机制，让兄弟俩其中一人当接班人，另一人得到补偿，并且心甘情愿地留下来当二把手，尽心辅佐一把手。

想得更远些，第三代，甚至以后的子子孙孙，可不能还没接班就你争我夺起来。在培养与选拔接班人方面，如何建立一套好制度呢？子孙万一才能不足或者另有事业，家族控制的股权结构、专业经理人的经营管理权结构，该如何权衡？子孙中没有进入家族企业的，又该如何让他们也能处于家族的庇荫之下呢？

中国有句古语说，“富不过三代”。但是在西方，由于私人银行、信托机构、家族办公室为高净值与超高净值人士妥善规划、管理与执行客户导向型服务，许多家族的财富已经传承数代，甚至拥有更加壮大的百年基业。国内许多民营企业家，已经迎来了二代、三代接棒的关键时期，如何能够让家族企业长盛不衰呢？**洛克菲勒家族**用生活与财富的智慧，创造了持续了六代的财富神话。他们的过人之处在于，通过基金会体系，建立起有效的家族治理机制，在传承财富的同时，更注重下一代的品格培养。俗话说“授人以鱼不如授人以渔”，保持智慧，才是成功的关键。

企业家通常不仅身家较大，而且资产类别也比大多数人复杂，在分配财产时，需要考虑方方面面。例如，某企业家持有未上市的自有企业100%的股权、现金、其他金融资产、房地产，以及一些收藏的艺术品（见下页图）。在一些亚洲富豪实际的案例中，一个简单的安排方式，是将私有企业的股权给两个儿子各30%，给太太10%，自己保留30%。自己和太太加起来，仍是当下最大股东，拥有最大的话语权。

万一自己不在人世，30%的股权平分给太太和两个儿子，三个人

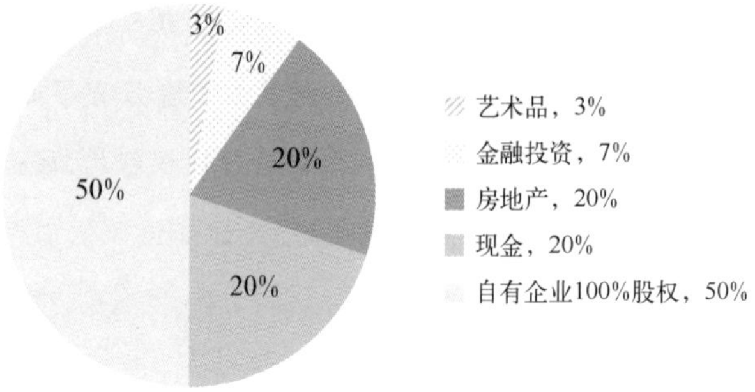

某企业家财产构成示意图

各增加10%。那么，两个儿子各持有40%，各自不能过半。除非彼此合作，或者争取母亲的支持，才能拥有最大的话语权。现金和房地产盘点后，根据自身的情况，可以配置一部分保险，提供现金流动性与未来保障；艺术品部分，可能会以家族基金会的形式经营，用来回馈社会，传承人类艺术文明的瑰宝。

实际上，并没有完美的家族传承安排。不管是东方还是西方，家族成员之间彼此闹翻、兄弟对簿公堂、金字招牌陨落等案例并不少见。“家家有本难念的经”，每个家庭都有其独特的财富管理需求与解决方案。有些资产不能切割，例如房地产、艺术品；有些资产在转移时，会牵涉复杂的税务，需要流动性变现……专业机构能够做的，就是提供工具对各类资产进行盘点，然后系统地、有规划地执行，同时预留弹性，尽可能地考虑客户不同的情况。

创业十分艰辛，企业家毕生奋斗的成果，不管是有形的财富，还是无形的创业精神及企业文化，都希望得到妥善传承。即使是守成，也十分不易。制度本身是冰冷的,再怎么良善的规划,也难以完全不引起家族成员间的矛盾。制度和使命感缺一不可,只有团结一心的家族,才能持久延续经营的热情。

值得一提的是,“家族办公室”(Family Office)近年在亚洲备受关注。这是为单一或三至五个家族管理财富的私人机构,以制定“家族宪章”的方式,管理及传承家庭的财富。通过家族宪章,家族办公室将家族价值观与企业目标凝聚起来,作为家族成员的行为准则,这类似于古时的家训。许多管理专家认为,导致家族企业无法永续经营的最大风险,来自家族成员之间的冲突矛盾。家族办公室能够与家族成员进行跨代际沟通,缓解不同世代在管理家族企业与家族财富时可能存在的矛盾,优化经营管理权与家族股权的结构,调节子孙在不同地区的税务困扰,甚至提供教育规划、慈善安排、遗产规划等服务。

改革开放后创办的民营企业,就有许多以家族成员为骨干。案例中王董事长面临的问题,也是许多民营企业创办人即将面临的问题。诸如家族办公室这一类的高端服务,在中国尚处于萌芽阶段,未来值得期待。

第 17 讲
是谁让你“踩雷”了?

中国从 2005 年开始发展财富管理行业至今,已成为全球财富管理行业成长速度最快的市场。中国经济的快速增长，积累了大量财富，加之居民的高储蓄率、人口老龄化等因素，财富管理需求不断增大，为市场提供了强大的发展动力。招商银行与贝恩公司发布的《2019 中国私人财富报告》显示，2018 年中国个人可投资资产总额，达到 190 万亿人民币，全国个人可投资资产超过 1 000 万人民币的高净值人士，多达 197 万人。

随着利率市场化的推进以及刚性兑付的逐步打破，理财产品从过去以银行信贷产品为底层资产，开始朝日渐丰富多元的方向发展。市场化改革顺势推进、理财产品净值型改造、对外开放程度加强等，都有利于进一步满足客户对理财服务的殷切需求。

举例而言，过去，理财产品的结算在中国采用成本法来记账，在境外则采用盯市法（Mark to Market），也就是以当下市价作为结算标准。因此，境外理财公司在中国发行理财产品，难以同时满足中国及其母国的监管要求。境内资产管理机构走出国门时，也会遭遇类似的问题。市场化改革打破了这个僵局，为境内外理财公司开展业务铺平了道路。

中国财富管理市场巨大的潜力，加上金融科技与智能理财业务的普及，使得财富管理机构如雨后春笋般建立起来，传统金融机构也相继转型，各大券商陆续推出财富管理中心与理财服务平台。财富管理行业的规模迅速膨胀，具有海量潜在客户和高知名度的互联网企业，也开始围绕用户多样的金融场景，推出各种理财服务。庞大的需求、积极的改革推动、方兴未艾的理财服务供给，为行业开辟出广阔的市场前景,中国财富管理市场开始走入生机勃勃的盛夏时期。

然而,7月多雷雨,财富管理行业也并不平静,踩雷事件不时发生:“网赢天下”案、“e租宝”案、“泛亚”案、新华财富实际控制人跑路、“网利宝”董事长失踪……人们这才醒悟到,一些不良的财富管理机构,在利益的诱惑下,很有可能将许多高风险、高佣金的产品推荐给投资者。

当宏观经济发展十分强劲、高风险产品的收益远高于低风险投资时,投资者的确从高风险投资中获得了很好的收益。但是,经济下行时考验时刻才真正到来。巴菲特说,“退潮的时候,才知道谁在裸泳”。经济周期本来就有上有下,每一门生意都有起伏,财富管理机构推出的金融投资产品也是如此。市场一片向好的时候,大家对**投资风险**不以为意;而在经济周期调整的时候,**投资风险就会赤裸裸地**暴露出来,最终引发爆雷事件。缺乏投资经验、金融风险意识不足、投资方式单一等问题,往往会让投资者付出巨大代价。

股票市场变幻无常,2007年10月至2008年9月,上证指数从6 124点的高峰,一路跌至1 802点。中石油以48.6元的封顶价开盘,深跌至10元,市值蒸发8 000多亿元,至今仍套住上百万投资者。2015年,杠杆推动下大牛市出现,而随后6月的政策调整,沪深两市惊现千股跌停,央行降息降准仍然难以挽救股市的颓势;房地产市场方面,“房市泡沫”的言论从未消停。2008年,房地产市场突然集体下滑,开发商跑路的新闻数见不鲜。2016年,国家调整首付比例,各地出台限购政策,房价稳中有降。2019年,房地产市场出现明显调整，各大城市二手房交易价格开始下跌，房贷利率提升，银行的房地产开发贷款也随之收紧；互联网金融方面，2018 年 6 月至 7 月，P2P 网络借贷平台的倒闭潮，席卷了南京、上海、杭州等城市。不到两个月的时间，近两百家 P2P 平台携款跑路，投资者血本无归。互联网金融花样百出，热浪退潮之后却是无数一夜暴富梦的破碎。

股票市场、房地产市场、互联网金融等领域发生的血淋淋的案例，让投资者深刻体会到了投资活动蕴藏的巨大风险。投资者踩雷，给自己造成了损失，对财富管理行业的信任也随之严重受挫。那么，谁该为投资者的亏损负责呢？是理财顾问，财富管理机构，还是投资者自己？监管机构又该如何在如此快速发展的市场中兴利除弊呢？

在很多投资者眼中，有些不良的理财顾问“摆摊设点，啃老杀熟”，推销的理财产品常常出现“击鼓传花，最后跑路”的情况，是一群专挑金融素养较低的人下手的骗子。确实，类似的新闻并不少见，许多具备较多商业知识的高净值人士也认为，理财顾问对他们而言只是推销员，仅仅能够提供一些金融产品和信息交流渠道。诚然，投资者的评价来源于真实的生活经历，当下中国的财富管理市场，正面临着理财顾问频频推销高佣金、高风险产品，投资者不信任理财顾问的尴尬局面。

理财顾问本应值得客户信赖，提供资产配置、投资组合再平衡等专业服务，做好金融资产的管家，为什么会出现这种尴尬局面呢？仔细想想，中国当前的财富管理业务以销售产品为主，多是通过推荐投资买卖来赚取佣金。传统的薪酬激励依赖佣金，较少关注全面的服务品质以及风险管控。因此,理财顾问倾向于带领客户杀进杀出或者强力推销。投资者难以长期稳健地获利,财富管理公司也容易陷入销售纠纷。

随着时间的推移,投资者可能将不信任的对象,由理财顾问个人,转移到财富管理机构,甚至投射到整个财富管理行业,这显然不是行业发展之福。因此,财富管理机构所遵循的销售过程,理财顾问的专业能力,都应当受到适当的监管。提高国内理财咨询从业人员的专业素质、培养金融专业人才、建立牌照制度、推广依照顾问服务的品质和依照服务时间收费的模式,便是有效的改革方法。

拓展

香港理财顾问的职业资格及信息披露制度

香港设立有证券及期货从业员资格考试,对十类受监管的金融活动实施单一发牌制度。考试内容实用并紧贴市场,通过考试后可成为持牌人士,取得基本的执业资格。此外,相关注册机构聘用员工时,还需了解其是否有不良记录。在公开网站上,公众能够查询持牌人士的记录册,知道其是否受到过停牌(Suspend)和除牌(Dis-Qualify,DQ)的通告及理由。对持牌人士,依照不同职能,每年有相应的持续在职训练要求(Continuous Professional Training,CPT)。核心职能主管及负责人的要求更高。对于负责人,考察其相关行业经验,是否能够称职、诚实且公正地开展业务,以及其信誉、品格、可靠程度和财政方面的稳健性。

除了基本执业资格之外，香港还有各种专业资格，例如注册私人财富管理师(Certified Private Wealth Professional，CPWP)，以及其他国际认可的金融财务专业资格，包括特许财经分析师(CFA)、国际注册投资分析师(CIIA)及注册财务策划师(CFP)等。

中国财富管理行业现在正处于发展的拐点，应该建立更为宏观的思维，务实地把行业发展推进到下一个层次。在财富管理行业中，健康发展的生态系统有四类参与者：投资者、理财顾问、财富管理机构、监管机构。这四者环环相扣。

投资者不论是否与理财顾问合作，都要为自己的财务决定负责，

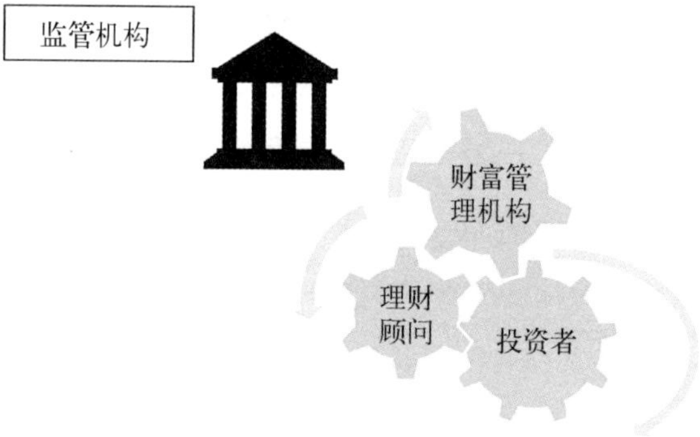

健康的财富管理生态系统

毕竟财富是自己的,必须自己做出决定并接受最后的成败。投资者需要持续学习,包括理财相关的知识、如何选择优质的财富管理机构以及如何选择诚信专业的理财顾问等等。

理财顾问是投资者和财富管理机构之间的桥梁,一方面受托为投资者谋取最大的财务幸福,要具备做好客户金融资产管家的能力;另一方面受雇于财富管理机构,也要具备为公司创造价值的能力。香港的财富管理行业要求理财顾问的能力合乎“适且胜任”(Fit and Proper)的原则。理财顾问的专业能力,需要很长的时间才能养成。在高端客户群中,优秀的理财顾问为客户提升财富水平,最终会建立口碑,并且收获不错的业绩。

然而,如果理财顾问的薪酬与投资者的资产增值情况不直接挂钩,或者客户的产品佣金较低,理财顾问的行为就有可能扭曲。在金钱的诱惑下,理财顾问可能会只推荐高佣金的产品;另一方面,为客户量身定制理财方案,需要花费大量的时间、精力,还要承担无法完成业绩的风险。这种情况容易催生逆向选择,使得理财顾问站在投资者的对立面。

财富管理机构在运行过程中,可能由于公司治理不完善、风险管理不良、缺乏透明度等原因,出现业绩大幅下滑的情况,从而失去投资者的信任,甚至被吊销执照。财富管理机构的公司价值(Corporate Value),在这个以信任为基础的行业显得特别重要。公司需要对重要关系人(Stakeholders),包括股东、顾客、员工、社会的福祉,设定平衡的目标,即关键绩效指标(Key Performance Indicators,KPI),并落实在专业经理人及员工的激励制度中。只有这样，才能取得质与量的永续发展。

当前的市场竞争格局下，财富管理机构除了追求规模以外，还必须以品牌、服务和专业优势取胜，精耕细作。财富管理机构需要利用公司价值和合理的激励制度，驱动理财顾问追求长期利益，而非当周或当月的佣金绩效。

例如，在业绩评量中，一定比例的合规与品质的量化指标，能够有效地降低道德风险。调整业绩奖金与固定薪水的比例，将计算业绩奖金、评量绩效的周期拉长至一年，而非每月或每季度，也有助于激励理财顾问采用"放长线钓大鱼"的战略思维来规划工作，而非采用"杀鸡取卵"式的短期强力销售的做法。

监管机构的任务之一，是向财富管理机构以及从业人员发放并审核各种业务执照，清楚地制定并落实奖惩细则。如同光照之下黑暗自然不能存在，不法行为没有滋长空间也就无所遁形。监管机构必须加强监督职能，要求专业经理人依据完善、清楚、明确的法规，制定销售流程，保证咨询与交易的过程没有灰暗地带，督促理财顾问遵守职业操守，从而使行业有序发展，保护投资者的利益。例如，将"公平对待客户"的原则落实在财富管理机构的日常工作当中，对于交易价位是否公平，员工个人的理财买卖进出申报记录等内容，都要做出详尽的规范。

总体而言，财富管理机构应当用良好的公司价值与激励制度，留住诚信可靠、专业优秀的理财顾问；用一流的服务质量建立良好的公司声誉,吸引更多优质的客户;打造**诚信的平台**及**长远的伙伴关系**,将客户群机构化(Institutionalize),减少某些业绩特别突出的理财顾问流失所造成的影响。投资者在理财顾问完善的建议下,安心地创造、守护和传承财富。这便是共赢且可持续的良好行业生态。

第18讲

理财之路的好伙伴

普通投资者是否需要理财顾问?投资者进入市场后,要消化海量的经济与金融数据,面对琳琅满目的理财产品,往往不知如何选择。实际交易时,也需要高度自觉,分辨和对抗如影随形的个人行为偏误。总而言之,个人理财之路未必总是一帆风顺的。那么,如何避开雷区,实现自己的投资目标呢?

在成熟的财富管理市场中,有一种"全权委托"(Discretionary)的操作服务。投资者与理财机构签订全权委托契约。理财机构按大原则操作,交易无需事先经过投资者同意;投资者只需依约定期检查投资绩效即可。投资者虽然要付出一笔管理费用,但可以节省许多心力。相比之下,采用"非全权委托"(Non-discretionary)操作,理财顾问在每一次买卖交易之前,需要向投资者提供完整的投资信息,并征得投资者同意,解释清楚交易的费用和模式。

案例

理财顾问跟着战战兢兢的财务总监，走进何董的会客室。何董的公司是某金融机构的企业金融部门的客户。在最近一次客户拜访中，何董问起关于个人和家庭财富管理的咨询服务。因此，企业金融部门就指派了理财顾问来拜访何董。

何董是知名的女企业家，中学之前接受过国家级运动员培训，可惜在一次训练意外中，被迫放弃了成为奥运选手的梦想。何董能文能武，善于吸收新知，以铁人般的意志力，克服重重困难，开创健康事业。她运用新的科学技术，推出极为成功的产品，市场定位清晰，并计划三年后让公司上市。目前，公司的业务正迅速地从中国，推广到东南亚及拉丁美洲。

理财顾问简单介绍了自己之后，想要了解何董的理财需求和投资经验。

何董说："从大学开始，我就已经用当健身教练赚的钱买卖股票。坦白地说，我一向不信任理财顾问，觉得自己动手比较有效率。做生意之后，我学会了用做生意的眼光看投资。有些银行推出的理财产品或基金，其实回报率并不如我自己投资。但我也不是每次投资都能成功，我觉得投资其实是运气吧！市场好的时候怎么做都对，市场不好的时候怎么做都错。何况现在公司要上市，我越来越没有时间自己研究投资的事了。我想知道你和你们的银行能帮我什么?”

案例中,何董主要需求在于投资服务,估计不喜欢死缠烂打或是基于人情压力的推销。要与这种客户画像的投资者建立信任关系,可以从展现投资的专业能力开始。一个视野格局足以和客户对话交流的投资顾问,有较大机会成为其理财之路的好伙伴,彼此相得益彰。

投资者应该想想,什么是最适合自己的方案。是做一个独立投资者,自己一手包办好呢;还是完全放手,全权委托好呢;或者介于中间,在理财顾问的分析建议中,理清投资逻辑,建构自己的财富观,获取做决定所需要的相关知识好呢?

独立投资者不喜欢频频地被推销,他们喜欢研究分析,自己愿意下功夫研究投资的心法与技巧。可惜,传统的投资者教育通常只注重介绍金融和法律知识,揭示风险,既无实战,也欠缺对情绪型和认知型行为偏误的关注。在投资观念不断进化、手法不断精进的现代金融市场中,独立投资者的自我调整是一条孤寂的道路,不但需要高度的自律、极致的自我检讨、不断追求新知的精神、独立思考与研究的能力,甚至还需要一点众人皆醉我独醒的坚持。

即便是世界顶尖的运动员也需要教练,称职专业的理财顾问十分宝贵。理财顾问需要学会认真倾听、诚实沟通、了解投资者的需求、持续学习金融与经济的相关知识、与时俱进地使用金融科技,并且发挥出自己的影响力。这样才能一次又一次地带着投资者，完成投资组合的调整与优化。市场的大方向与经济的大趋势确实有迹可循，有经验有口碑的理财顾问在市场上摸爬滚打多年，练就的洞察力也的确有助于投资决策。他们能深刻理解投资者的个人财富管理目标，特别是不同人生阶段的多重目标，例如现金流量、成长力、购买力、偿付能力、保本能力，甚至能够妥善安排传承，帮助客户发挥影响力。

理财顾问又是如何工作的呢？理财顾问需要认真了解客户，敏锐地发现客户的需求，准确地定位投资目标，合理地制定理财方案，并高效地执行；为客户在整个生命周期内进行资产配置，满足客户的财务安全、财务成长和自我实现等各个方面的需求；明晰个人投资者的风险偏好与理财目标，结合投资组合，持续跟踪市场变化，在偏离目标配置时进行再平衡等。因此，合格的理财顾问，需要具备金融、经济、会计、法律等方面的专业知识，具有良好的沟通能力和个人品格，这样才能与客户建立起良好、信任与长久的合作关系。

依据国际金融理财师（Certified Financial Planner，CFP）的定义，理财咨询的工作流程主要分为六个步骤：

一、建立客户关系。理财顾问要让投资者了解财富管理服务的内容，并在与客户的交流过程中，积极倾听、诚实沟通，建立基于专业服务的信任关系。

二、设定投资目标。理财顾问要尽可能地了解客户的财务信息和期望目标，提供量身定制的咨询服务。

三、分析客户状况。理财顾问要尽可能地获得客户的人力资本、家庭状况等方面的信息,并盘点现有的金融资产等财务信息。在此基础上,结合投资目标,初步拟定理财方案。

四、模拟理财规划。理财顾问要向客户解释初步拟定的理财方案,构建核心组合以及卫星组合的逻辑,明确其中的风险、预期回报以及可能的其他选项,以便确定最终的理财方案。在客户形成决定的过程中,理财顾问要尽可能地与客户交流,更深入地了解客户的知识与经验、投资行为与心理,还有真正的风险取向。

五、执行理财方案。理财顾问在得到客户的授权后,按照合规的销售流程进行投资。

六、追踪调整计划。理财顾问需要定期对客户的投资偏好、财富状况进行检查,并关注市场状况的变化,有纪律地、及时地调整投资组合。客户的反馈十分重要,可以帮助理财顾问更加了解其真正的理财视野。

案例

经过这样一番解释,何董微微点头说:“我知道你们银行发展的财富管理业务有不错的口碑。这样的工作流程是挺科学化的,分散投资、建立投资纪律也符合逻辑。”

接着,何董拿出一叠银行账单说:“这是我目前的投资布局,已经分散投资到接近30只股票上,你看看哪里需要调整?”

原来，何董也想考查一下理财顾问的专业知识。理财顾问迅速地看过一遍投资项目，还做了一点笔记和计算。几分钟后，理财顾问说："何董，初步给您分析了一下这份投资组合：

第一，您的现金部分大约占5%，收利息的理财产品大约占5%，其余九成都是股票。光看这份报告，猜测您是积极追求成长、愿意承担高风险的投资者。至于资产类别风险是不是足够分散，还要再多了解了解您整体的资产规模和项目后才能下结论。

第二，这30只股票，看似分散到了不同的公司，但是产业依然集中在了医疗与科技上，彼此之间的相关性很高，同时也跟您自身的事业高度相关。这些股票可能经常一起上涨、一起下行。因此，您在分散产业风险上做得不太足够。我们的服务团队在看投资组合的时候，不只关心回报率，也很注重分析风险。

第三，这30只股票，有的看来已经买了很久，股价起起伏伏，您并没有获利出场，好像从来没有动过。有的在短期内相近的价位买了几次，有些公司的业务情况已经改变，应该调整。至于哪一些需要出清，哪一些可以继续留着，我们的服务团队需要进一步分析相应的公司，制定一份较为准确的退出战略，之后再给您一份更详细的报告。"

何董满意地说："很好，投资的绩效不仅仅看回报率，也要重视风险和其他面向。这是另一家银行的账单，以收利息的项目为主。那么，就请你们综合这两个投资组合，给我一份回报率和风险的分析报告，我打算将整合后的投资组合都放到你们银行。除了让我知道哪一些需要调整以外，也请帮我分析、预估现金流的进出。”

读者可以评判一下，案例中这位理财顾问的表现如何？案例中的客户，有相当丰富的投资经验，理财顾问的分析要具备清晰的买卖逻辑，提出全盘的战略规划。客户的时间比较紧张，理财顾问需要具备足够的宏观视野，提供的信息必须容易被及时消化，以便客户快速有效地做出决策。而这位客户可能有过度自信等行为偏误，可以在后续的相处当中，逐步调整。

找寻理财顾问时，投资经验与人生阅历丰富的投资者，真正看重的往往是理财顾问的专业度，以及服务态度。他们阅人无数，能够分辨出理财顾问有没有好好盯着客户的投资组合，是不是真心在乎客户的盈亏，是不是具备忠诚的品格。理财顾问展现出专业素养并付出真心，长期的投资成功便可以水到渠成。要想成为客户理财之路上的好伙伴，关键在于成为值得信任的顾问。如果理财顾问短视地追求当下的业绩，置客户的盈亏于不顾，便很有可能被客户放弃。

经验相对不足的客户群，倾向于片面地根据投资回报，或提供建议的频率，来评判理财顾问服务的好坏。这会形成一种恶性循环，可能促使理财顾问建议客户承担过高的风险，或者过度交易。要知道，投资的成败不是一时的，没有人能保证稳盈不亏。理财之路的好伙伴，需要帮助客户坚持投资纪律、关注全面整体的风险与回报，并做出适时的调整。只有这样，理财之路才能走得长远。

第 19 讲
坚固又脆弱的行业基石——信任

中国居民对财富管理服务有很高的需求，但也有着深深的戒心。近年来 P2P 等财富管理平台相继出现违约事件，争议不断、鱼龙混杂的 P2P 网贷行业，正在变成“中产绞肉机”，收割着一个又一个普通家庭打拼多年积累的财富，这无疑给刚刚对财富管理业务产生兴趣的中国投资者泼了盆冷水。最近，网贷行业经过了专项整治，多数 P2P 网贷平台已经被清退。

现代财富管理行业起源于中古世纪的欧洲。拥有大批财富的欧洲贵族出征时，委托信任的人打理财富。若是贵族不幸战死，待继承人成年后，委托人便要交还这份财富。受托金额不仅是个人的一小部分财富，而且是整个家族的财富。可见彼此的信任是多么深厚，受托人忠诚的品格是多么被看重。

中古世纪的欧洲，虽然毫无金融法规与监管，也经历了数百年的战乱与瘟疫，但是仍然能够将数代人的财富保存、传承下来。这便是信任的价值，也是财富管理行业的发展基石。这也是为什么，过去在成熟市场的高端客户群中,私人银行顾问令人尊敬。说到底,法规是惩罚不良之徒的,只是将托付关系中基本的善良与责任付诸文字。信任,才是托付关系的主体。

诚实是最好的战略,信任能带来长远的经济效益,信任不足则会带来损失。任何一门生意要想顺利地进行,都需要有一套清楚的游戏规则,以及彼此的信任。在游戏规则不够完善的情况下,信任更会凸显价值。建立与维护信任关系需要长期投入,一旦出现信任的裂缝,要想修复极为不易。理财顾问和财富管理机构必须珍惜客户的信任与托付,“骗得了一次,骗不了一世”,一旦投资者知道受骗,可能永远不会再与顾问往来。

拓展

麦道夫骗局的启示

经济学家利用麦道夫骗局,研究了信任对财富管理行业的影响。麦道夫(Bernard L. Madoff)是华尔街的传奇人物,利用暑期打工赚取的5 000美元创立了麦道夫公司,并将之发展成为纽交所第三大经纪公司。他曾任纳斯达克董事会主席。任职期间,苹果、思科、谷歌等著名企业成功上市,纳斯达克壮大成为与纽交所分庭抗礼的证券交易所。功成名就之后,麦道夫精心设计了一场时间长达20年,涉案金额高至500亿美元的“庞氏骗局”,使得无数机构和家庭蒙受损失。

研究发现，信任冲击会完全摧毁投资者对于资产安全和财富管理行业的认识。受害者损失每增加一单位，财富管理公司在当地分支机构的资产管理规模就会下降4.9%，关闭概率则上升40%。同时，投资者将投资转移至银行存款的规模也会增加4%。而麦道夫骗局给投资者造成的直接损失，只占理财公司清算资产的不到5%[1]。可见，信任冲击带来的非直接损失才是巨大的！

理财顾问和财富管理机构不能抱有侥幸心态，必须爱惜羽毛，注重声誉。俗话说“好事传乡里，坏事传千里”，坏名声传播的速度与威力，通常远大于好名声。信任是构建交换关系的基础，我信任你，意味着我认为你采取有益行动的概率较高，我们之间比较容易开展合作[2]。

财富管理行业看似一门管钱的生意，但深思本质，其实是一门以人为主的行业(People Business)，这是行业的特殊之处。出于监管不足，公司或个人短期利益优先、信息披露成本高等原因，理财顾问未必能向客户及时反馈信息，客户也未必能毫无保留地将所有个人信

[1] GURUN U G., STOFFMAN N, YONKER S E. Trust busting: the effect of fraud on investor behavior[J]. Review of financial studies, 2018, 31(4): 1341-1376.

[2] GAMBETTA D. Can we trust? Trust: making and breaking cooperative relations[J]. British journal of sociology, 2000, 13(1): 213-227.

息提供给理财顾问。因此,客户与理财顾问和财富管理机构之间,在个人信息、投资信息、理财方案制定流程、理财方案执行情况等诸多方面,存在信息不对称。此时,信任尤为重要。

未来市场环境的未知性和客户状况的复杂性,对理财顾问和客户之间的信任关系,提出了挑战和更高的要求。客户画像是开展财富管理业务的首要步骤之一,理财顾问通常需要收集投资者的年龄、性别、教育程度、投资知识与经验、风险厌恶程度等信息,也需要了解投资者的资产负债、收入消费、家庭成员情况、财务目标等比较隐私的信息。理财顾问的服务质量,严重依赖客户的信息质量,没有较高的信任水平,便难以获得此类信息。

高净值客户对财富管理机构的贡献度较高,拥有较大的财富量,也具有较高的风险承受能力;同时,对理财顾问和财富管理机构的要求也更精细,要求服务水平更高,更加讨厌被骗,被骗时的反击力道也更强。

拓展

背叛风险

当人们的风险来源包括他人,而非单纯的市场环境时,人们不想被背叛,会变得更加保守,这种与他人相关的风险厌恶称为“背叛厌恶”[1]。如果被骗后,损失不太多,可能

[1] BOHNET I, GREIG F, HERRMANN B, et al. Betrayal aversion: Evidence from Brazil, China, Oman, Switzerland, Turkey, and the United States[J]. American economic review, 2008, 98(1): 294-310.

不会追究；如果被骗而且损失较大，那么信任便随之瓦解。相反，如果能够诚实地沟通，清楚地理解彼此决策的切入点，即使结果不够理想，双方的信任仍然可以维持。

背叛风险与对手方的收益相关。人们在决策时，会关注对手方的收益情况。因此，如果不公开透明地披露理财顾问的收费，客户对建议的接受程度就会受到影响。倘若投资者对产品与市场了解不足，完全仰赖理财顾问的建议，如果发现自己上当受骗，且损失巨大，通常会进行较为严肃的自我检讨，受到经济和心理的双重打击。若投资者发现，理财顾问为了赚取高佣金，昧着良心推荐不合适的产品，可能提起诉讼。相反，如果客户认同理财顾问的建议，也真的赚了钱，感觉理财顾问值得倚重，就会更加信任对方，双方关系也会变得更加紧密。

信任程度直接影响理财方案的执行。如果投资者不信任理财顾问，即使进行理财咨询，也不会按照理财建议配置资产。没有信任，即使理财顾问提供的建议是公正、专业的，确实能够改善投资者的资产配置状况，投资者的投资表现也难以得到实质性的改善。经济学家发现，单纯在供给端提供更好的建议，无法改善客户的投资表现。那些金融素养较低、投资表现较差的、最需要获得投资建议帮助的客户，一般不会接受理财顾问的咨询服务。即便咨询了理财顾问，大多也不会听从其建议。因此,理财顾问单方面提供更好的投资建议,不足以改善理财服务的质量,必须得到客户的信任与配合,服务质量才能提升。

总结起来,道德风险、财富管理水平不高和监管不充分等原因,导致中国投资者对理财顾问信任不足。理财顾问有没有明确告知各种交易成本,包括手续费、管理费、赎回费、分成比率等;推荐产品时,理财顾问是否真正对客户负责,或只在乎产品能否顺利卖出去;客户有没有清楚地理解发行机构与产品的风险,这些都是投资者在寻求理财服务时,比较关心的问题。

国内一些财富管理机构,对理财顾问并无专业资质方面的要求。随着客户精明程度的提升,不专业的理财顾问会面临更大的竞争压力。真正优秀的理财顾问在哪里,一直是投资者关心的焦点。在国际成熟市场中,真正优秀的理财顾问,是具有丰富从业经验,对资产配置特别精通的人,而且通过了相关资格考试,拥有各种金融类从业资质。比如注册理财规划师(Certified Financial Planner,CFP)、特许金融分析师(Chartered Financial Analyst,CFA)等。在优秀的理财顾问的打理下,客户能更合理地将财富分散投资到债券、股票、另类投资等金融资产,以及房地产等实物资产上。

道德风险:利益冲突与信息不对称

现实中,财富管理机构的主要收入来源是提供产品销售渠道,赚取代销金融产品的佣金，其收入与客户资产的增值情况并不直接挂钩。理财顾问作为客户（资金端）与金融产品（投资端）之间的桥梁，可能出于个人利益或业绩压力等原因，推销高佣金产品，与客户出现利益冲突时选择个人利益优先，造成道德风险问题[1]。

信息不对称是最为人们诟病的，例如，财富管理机构的收费信息不透明，在费用产生依据和费用横向比较两方面存在许多不合理的现象。一些财富管理机构往往在开户之初及投资之前，没有清楚地披露有关信息，胡乱收费的现象频发，造成了许多不愉快和纷争。

笔者有一个外国朋友是投资高手，早年赚取了 1 000 万美元，因工作繁忙将这 1 000 万美元分成 10 份，交给 10 名理财顾问打理。在撰写这本书的过程中，问他对于理财顾问服务的感受。他抱怨投资表现不佳，而且在撤回资金时还要再收一笔高昂的费用。这些顾问收费的基础何在？

拓展

理财服务费用信息披露要求

亚太地区的财富管理行业改革，对收费信息的透明度问题，提出了几项新的要求：

一是财富管理机构必须明示费用表，将各种资产项目

[1] 这一概念在 1963 年，由诺贝尔经济学奖得主 Kenneth J. Arrow 提出。道德风险指在信息不对称的情况下，不完全合约使得经济行为主体不完全承担其行动后果，行为主体最大化自身效用的同时，损害他人效用的现象。

交易费用、财富管理机构所收佣金和相关手续费用披露清楚。针对不同形态的交易，需要明示财富管理机构在此交易中扮演的角色(Act as Principle *vs.* Act as Agent)。投资者要能便捷地在公司网站上获取费用表信息，理财顾问也有义务提供费用表，一有更新就要立刻通知客户。

二是将收费标准嵌入电脑下单系统。在实际交易时，如果出现超出费用表的过低或过高收费(Overcharge)，没有合理的解释及主管的签核同意，不能执行。

三是财富管理机构内部的稽查单位，以及政府的金融监管部门，都要将上述合理收费的管理列为稽查重点。将改革力道放在前端，全力避免后端的纷争。

除收费信息不透明外，资产配置方案形成过程也存在信息不对称。财富管理需要将客户数据导入相关模型中，然后经过理财顾问的分析判断，形成资产配置方案。

首先，财富管理模型需要考虑复杂的市场情况，将多变的个人特征进行抽象，选择其中重要指标加入模型，例如生命周期、风险厌恶程度、个人收入情况等。模型的抽象方式、指标的选择、指标之间的权重与协调方式等，都十分复杂，一般投资者无法了解；模型的判断原则也不透明。

其次，对于投资者而言，投资决策依据也存在信息不对称。财富管理模型及其生成结果的选择，很依赖理财顾问的判断能力。财富管理模型对市场环境的假设、相关参数的认定、在不同模型给出的不同结果间如何抉择，以及其他理财顾问投资决策背后的复杂流程，客户通常很难充分地参与、认知和理解。

利益冲突加上信息不对称，使得理财顾问行业存在基本的道德风险。经济学家做了一个有趣的实验，实地测试了理财顾问的服务质量[1]。他们首先根据金融学理论，构建出符合金融学要求的标准投资组合。然后，在投资组合中，人为地加入了行为偏误，试图观察理财顾问能否修正这些行为偏误。经济学家安排了四组人员，假装客户去咨询理财顾问。

第一组人员存在过度交易偏误，投资者过度追逐热点进行投资，频繁买卖。理财顾问得益于这一偏误所产生的费用，因而修正客户行为偏误与理财顾问的个人利益不符；第二组人员存在雇主偏误，将大量资产配置于本公司股票。大量持有单一公司的股票，减少了股票交易的频率，也减少了交易费用，因而理财顾问可能倾向于修正偏误，做出分散化投资建议；第三组人员持有依照金融学理论构建的标准化投资组合，该组合由充分分散和低成本的指数基金和债券构成，用于考察理财顾问是否会诱导投资者偏离标准组合；第四组人员仅持有银行存款，作为对照组进行观测，满足实验的对比需求。

实验结果显示，理财顾问在业务建立初期，存在明显的迎合现

[1] MULLAINATHAN S, NOETH M, SCHOAR A. The market for financial advice: An audit study. 2012, Working Paper.

象。倾向于支持客户已有的投资策略，进而留住客户。随着信任关系的建立，理财顾问果然如同金融学家所料，大多采取迎合过度交易偏误的做法，较少采用存在雇主偏误的组合和标准组合，并且倾向于推荐主动管理、费用较高的投资组合。总体而言，理财顾问并没有降低客户的行为偏误，反而出于个人利益等原因，加重了客户特定的行为偏误。

财富管理水平不足

目前我国的财富管理行业仍然存在改善的空间。有些投资者基本不相信财富管理公司有能力为自己做好理财规划。过去的财富管理体系多以“金融产品超市”为经营核心，希望通过与各类金融机构合作，向客户提供涵盖保险、证券、债券等不同种类的金融产品，形成类似于“超市”的一体化经营方式，始终缺少对客户行为分析的动机。目前，已有部分财富管理机构开始完善财富管理服务框架，加大了在客户画像、客户需求分析等方面的投入，逐渐转向用户中心的服务模式，这是整个服务体系开始转变的标志。但与成熟的财富管理体系相比，尚有很大的差距。

同时，财富管理体系缺乏配套的金融技术手段。理财顾问的时间精力有限，没有三头六臂，很难一一详细地为每一位客户量身定制和维护理财方案。客户拥有各不相同的资金状况和需求，量身定制理财方案，要求理财顾问根据每一位客户的个人信息，进行个性化定制，并且需要实时跟踪通货膨胀率、利率水平、货币政策、汇率波动、股指波动等重要的宏观变量，以及客户个人信息的变化。一个强大的金融科技解决方案，能够更好地支撑量身定做的理财咨询服务。

当前，我国的理财咨询业务，顾问人均服务的客户半径是30至50人。在现有的人力资源水平下，即便理财顾问有足够的专业知识，可能也没有足够的时间精力，来为每一位客户完成量身定制的服务。除了专业理财顾问的数量严重不足以外，理财顾问接受的职前及在职训练也严重不足。

传统的销售模式只注重培养销售人才，没有把资源放在培训足够的投资人才及顾问人才上面。普华永道《2019年中国保险中介行业发展趋势白皮书》显示，我国的财富管理行业中，以客户经理、保险代理人等为代表的销售型人才的数量超过760万，远超具有专业资质的理财师的数量（约40万）。

随着投资经验的逐渐增加，投资者对于真正优质的财富管理顾问的需求也会越来越大，财富管理机构更加需要高效的人才培训与选拔方式。国内的产品销售模式，虽然也是市场发展的一个重要阶段，但只有更好地匹配理财顾问的服务模式与客户利益，才能走得更远。**以客为尊的关键，在于是否真正地把客户的利益放在首位。**

相关监管法规

目前，针对理财顾问和财富管理公司的行为监督机制在中国尚处于发展阶段。监督机制具体包括事前界定责权范围、事中要求披露信息和事后提供维权渠道等三部分内容。投资者对自身的投资决策应当承担哪些责任，财富管理机构作为产品分销渠道应当承担哪些责任，服务流程中理财顾问的哪些行为属于违规行为，需要担负多少责任等问题，尚待进一步讨论。

理财方案的执行过程中，信息披露机制相当重要。理财顾问的不当行为包括哪些？是否有披露和记录要求？客户资金是否依照既定的投资方案执行？投资者事后的维权依据是什么？当前政策努力去除刚性兑付，打破人们对于金融产品必须保本的认识，让投资回归市场规律。政府信用与企业信用之间的界限更加明晰，也使金融机构避免过度承担风险。从传统的理财产品投资，转换为风险投资后，投资者也需要更加仔细地了解风险。

目前，中国财富管理的相关法规主要集中在产品端。《关于规范金融机构资产管理业务的指导意见》(以下简称“资管新规”)等监管政策的出台，对于完善财富管理的监管机制具有重要作用。“资管新规”“资管新规补充文件”“银行理财新规”和“证监会资管新规四项规定”组成了财富管理相关法规的重要内容[1]。

---

[1] 具体包括：2018年4月27日，由中国人民银行、银保监会、证监会和外汇局联合发布的《关于规范金融机构资产管理业务的指导意见》；2018年7月20日，由中国人民银行发布的《关于进一步明确规范金融机构资产管理业务指导意见有关事项的通知》；2018年7月20日，由银保监会发布的《商业银行理财业务监督管理办法(征求意见稿)》；2018年7月20日，由证监会发布的《证券期货经营机构私募资产管理业务管理办法(征求意见稿)》和《证券期货经营机构私募资产管理计划运作管理规定(征求意见稿)》。

上述规定对资产管理业务的定义与分类、合格投资者认定标准与可投资范围、穿透监管和转型过渡期安排等重要内容进行了详细规定。统一的监管标准，对于整治资产管理行业乱象、防范金融风险起到了重要作用，使得我国资产管理机构之间的边界更加清晰，减轻了金融产品层层嵌套的问题。

总体而言，目前针对性保护金融投资者的监管法规仍然较少，未来我国理财行业还需建立更加完善的监管制度。例如，理财公司必须持有相关牌照，才能为投资者提供理财服务。这有利于明确理财分析师的职责，从而保护金融投资者的合法权益。

第 20 讲
财富管理机构

市场上有形形色色的财富管理机构可供选择。成熟市场的高净值客户特别重视个人与家族隐私，很少频繁地更换财富管理机构。甚至有不少的客户，与同一个机构维持几个世代的关系。

但是，艾瑞咨询的调查显示，中国的高净值客户中，每两年更换财富管理机构的比例高达 30%；安永《2019 年全球财富管理报告》显示，1/3 左右的大众富裕阶层（可投资资产 25 万至 100 万美元）、27% 的高净值客户（可投资资产 100 万至 2 990 万美元）、39%的超高净值客户(可投资资产 3 000 万至 1 亿美元),计划在未来三年内更换财富管理机构。

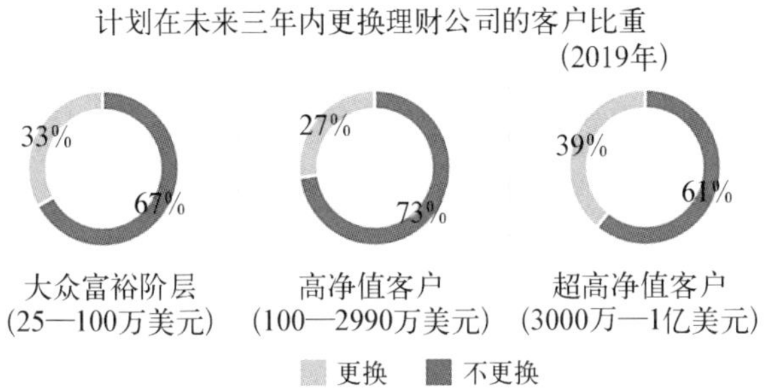

调查结果无疑是令人惊讶的,为什么中国的高净值客户频频更换理财顾问,甚至财富管理机构?随着数字金融发展成熟,高净值客户的财富迁移更加便利,这一比重是否还会上升?

安永会计师事务所试图通过品牌声誉、定价、产品、技术、个性化关注和理财顾问能力等六个方面,分析这个问题。结果发现,客户对这些因素没有明显的取舍,无法解释客户更换财富管理机构的原因。

显然,这种分析思路存在一定的局限性:品牌声誉等因素,更多影响客户的初始选择而非选择后的更换。财富管理机构面临的问题更可能是“我的品牌声誉一直很好,定价、产品、技术、个性化关注和投资顾问能力也始终处于业内领先水平,这也是你当初选择我的原因,为什么还要更换?”

一个可能的原因是,现有的财富管理服务没有真正地做到量身定制。量身定制包含两个维度：一是根据客户不同指标的具体情况，差异化地设计不同的理财服务方案；二是时间维度，客户在不同时点的状况不同。例如，随着时间的推移，客户的家庭经济和职业发展状况发生了变化，或者客户在此期间经历了一些特殊事件，改变了风险厌恶程度。因此，现有的个性化财富管理服务可以在客户行为分析、各维度协调方式和风险评估等方面进行改进。

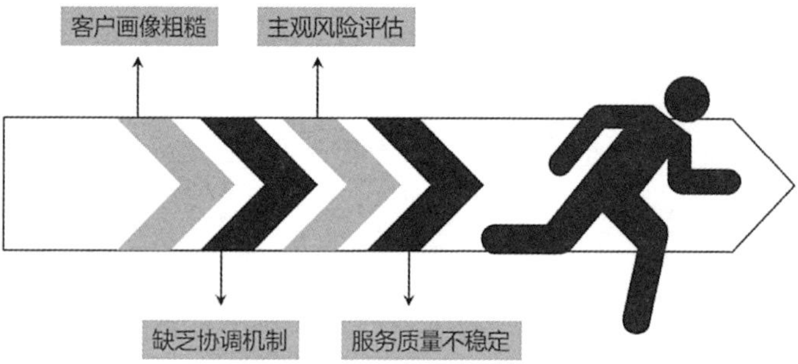

我国现有财富管理服务面临的问题

当前的客户画像可能也较为粗糙。不同职业类型、工作性质、行业、家庭背景的客户，在期望收益、风险要求等方面具有很大差异。例如，同样从事纺织业的高层管理，收入相近的两位客户，来自国有企业的和来自民营企业的会有比较大的差异。

此外，随着个人生命周期不同阶段、需求层次、风险偏好和资产负债的变化，客户画像也在不断地发生改变。例如，客户步入退休阶段后，投资组合需要更加稳健，固定收益类产品的占比应当有所提高。然而,传统粗糙的客户画像无法捕捉到这种变化,服务难以满足客户的需求,迫使客户自行改变投资方式。

传统财富管理行业的评估问卷,基本采用了较为简单的赋值得分模型。赋值得分模型将年龄、收入等不同维度的信息进行简单线性处理,赋值打分,最终根据总分,估计客户所处的风险层级,推荐对应的金融产品。例如投资者 A 年龄为 50 岁,得 5 分,年收入为 40 万,得 5 分,两者直接相加后得到 10 分;投资者 B 年龄为 70 岁,得 3 分,年收入为 100 万,得 7 分,两者相加后也得到 10 分。在这种判断方式下,年龄相差 20 岁与收入相差 60 万完全等价。这种方式忽视了不同维度的信息对金融资产配置要求的差异性,属于比较粗糙的协调机制。

这样做有可能是因为风险评估的主观因素过大,并且缺乏统一标准。大量分析对比美国、德国、英国的财富管理公司采用的风险评估问卷之后,研究发现各家财富管理公司的风险评估问卷及模型具有较大差异,测试结果五花八门,部分问题甚至完全不会影响评估结果[1]。同时,主观情绪和理财顾问的言语诱导,也很容易影响测试的结果。

财富管理公司的经营价值与企业文化,是创造价值的底蕴。将提供稳定、高质量的服务作为经营目标,能够吸引到优质、忠诚的客

[1] TERTILT M, PETET S. To advise, or not to advise — How robo-advisors evaluate the risk preferences of private investors[J]. The journal of wealth management, 2018, 21(2): 70 - 84.

户。目前，理财服务的质量非常依赖理财顾问的个人能力。对于财富管理公司而言，客户与理财顾问捆绑在了一起，优秀员工的离职，往往伴随着客户流失或服务质量下降。想要将客户群体机构化（Institutionalize），可以借鉴成熟市场财富管理业务的发展经验，从六个方面着手，提升理财服务的质量：

1. 完善组织架构：完善的组织包含**业务端**前线（Front Line）直接服务客户的理财规划业务人员和投资顾问（IC），**产品端**（Research and Product）的经济研究部门、产品规划与执行团队，**营运端**的中后台营运部门（Middle Office and Back Office），**控制端**的风险控制评估管理（Risk and Control）和法务合规部门（Legal and Compliance），**战略端**的总部营销企划中心（Business Strategy）。

在整合式的待客平台中，财富管理机构以一站式的解决方案，满足客户个人、家庭及事业的理财需求。如果将整合式财富管理组织架构比作一间餐厅，业务端就像餐厅里招呼客人、介绍餐点、接受点单的服务员，直接面对客户，最能把握客户的口味与心情；产品端就像厨房，清楚地知道今天什么食材最新鲜，根据时令、食材和客户的要求烹调出一道道美食；主厨指挥各个专家协调产品线——不同的产品专家，有的专做烧烤，有的专门负责油锅；营运端负责架好锅炉、摆好碗筷、搞好环境卫生，让一切运作顺畅无阻；控制端检查有无疏失，并接受客户投诉；战略端协调各部门，研究餐厅的战略定位和美食趋势。各个部门各司其职，又密切合作，让客人感到宾至如归，甚至还可能介绍朋友家人再来光顾。

2. 落实 KYC 原则[1]：KYC 原则要求真实了解客户财富的资金来源，杜绝犯罪及逃税，在第一线落实反洗钱政策并设法使客户理解这是大势所趋，主动讲述自己创业和投资历程。

近年来，国际上出现了许多相关法规。例如 2013 年，美国《外国账户税务合规法案》（"肥咖法案"，Foreign Account Tax Compliance Act，FATCA）准则正式生效。以税务公平为由，联邦政府要求几乎全世界所有的政府及金融机构，向美国提供具备美国税务者身份的账户信息。经济合作与发展组织（OECD）随后推出"共同汇报标准"（Common Reporting Standard，CRS），要求金融机构尽职调查，签约国之间自动交换账户信息，中国也已经加入。

对奉公守法的一般投资者而言，财富管理机构越是能够严谨地落实 KYC 流程，监督管理越是透明完善，便越能对金融犯罪活动形成有效制约。保护金融环境体系，让金融服务业在正道上得以发展，实在是一大福音。

3. 打造完整的咨询与销售流程（Selling Process）：理财咨询的流程包括了解、建议、执行和定期检视四部分，需要留存完整的记录，这才是以顾客为中心的顾问式营销。然而，时常令投资者感到沮丧的是，理财顾问只在乎自己想卖的产品，而不规划投资者需要的产品。

[1] 即了解你的客户，Know Your Customer。

拓展

如何获取客户画像？

以亚太地区财富管理行业改革为例，财富管理机构在监管机构法规的要求下，制定标准化作业的销售流程规范，“留下完整记录”（Keep Good Record）是其中重要的一环。留下的记录包括对投资者理财需求的描述、为满足投资者理财需求所提供的各种选项、对于推荐产品的解释条款及产品风险和费用、为投资者解释的所要承担的风险内容、交易的逻辑主因，以及定期检视时的投资绩效表现、风险评估、投资目标等各个方面。

进行客户画像时，要从年龄、教育程度是否较低（例如是否文盲）、身心是否有残缺（例如听力或视力丧失）等方面，判定是否为特别高危的弱势客户群（Vulnerable Clients）。对于此群体，相应的销售流程要多给予一层保护，避免客户遭到利用而利益受损。

用清楚明确的规范、守则，解决咨询与销售流程中的痛点，可以大量地避免理财顾问不当销售（Mis-selling）的现象出现，进一步减少客户的抱怨。客户投资画像的描绘，也需要定时更新。有了健全的销售流程，还要建构相应的风险控管机制，包括对前台、中台和后台人员，特别是资金的经手人员，分离执行、审批、勾稽核查等流程，杜绝“内神通外鬼”的机会。在财富管理机构中,还须设置投诉主任岗位以及投诉管道。

4. 打造产品专业的战略优势:财富管理机构的产品专业程度,可以从广度、深度、速度等方面来评估。广度方面,金字塔底层到顶层的产品线,内容类别包括一般民众日常理财需要的短期收息产品、中期成长投资产品,个人和家族客户所需要的高端策略性架构、财富规划、资产解决方案、负债管理和慈善投资等服务。

财富管理机构除非有强大的集团资源整合执行能力,否则应该专注于自己的产品开发强项和目标客户层,凸显自己的优势,区别于银行财富管理,做出特色,站稳脚跟之后再考虑整合扩大,取得一加一大于二的效果。依前述经营餐厅的比方,菜好不好吃是餐厅的灵魂,财富管理机构的产品也是如此。不论是卖自家的产品,还是开放通路给其他产品,机构所选上架的产品必须经过尽职调查,为投资者把关。

深度方面,在资本市场比较封闭的环境中,新的金融产品的设计的确会受限。如果资源有限,开发多样的产品可能既耗费资源又未必能获得效益;理财机构的战略思维应该聚焦于如何提升正中靶心的能力,产品分层需要对应客户分层。假如产品从保守到积极分为五个层级,则投资者的风险面向也应该从保守到积极分为五个层级。在刚开始介绍产品时,便各自对应,保守产品对应保守的投资者,积极型产品对应积极型投资者。这种做法有助于精细对标投资需求,突破产品同质化的僵局。

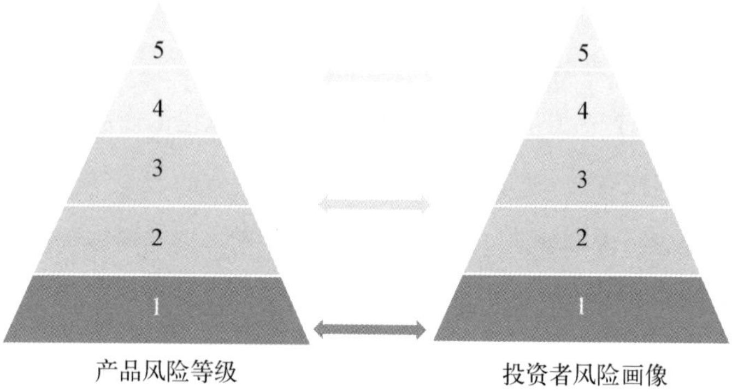

产品与客户的分层对应

速度方面，随着资本市场改革的逐步深化，可投资产品的品种日渐增多，范围也日渐扩大。长期资金从储蓄转移到金融投资的配置进入加速期，财富管理机构应该积极地做好准备。如果每一次的咨询，都一股脑端出一大堆产品，令顾客眼花缭乱，反而使其难以取舍。投资者时间与理解力有限，每一次做决定的时候，选择范围限制在三到五个选项之内，比较有利其理解与接受。如果理财顾问在见到客户之前，就下足功夫准备，在投资者还说不清楚自己需求的时候，就能及时提出符合需求的产品，就具备了竞争对手难以模仿的速度优势。

5. 打造因地制宜的特色服务：中国幅员辽阔，各地有不同的经济发展战略和民情风貌，有的地区注重人情，有的地区注重效率，财富思维和理财需求也就各不相同。财富管理机构可根据地方的经济发展阶段，安排具有地方特色的理财咨询服务。例如，在北上广深等一线城市,主营私人银行财富管理模式,以资产配置、家族治理为核心;在各个二线城市,则主要提供多元资产的投资解决方案。

6. 升级客户战略:财富管理机构需要建立专业的、可信任的共享平台,利用集团不同部门的专长扩展客户规模。例如,财富管理部和企业金融部可以互相介绍有企业金融需求的客户,全面涵盖客户的事业与个人财富,提供全方位的投资及其他咨询服务,从而增进顾客黏着度和市场占有率。

第21讲
如何用好你的理财顾问?

在目前我国财富管理市场,理财顾问可以在哪些方面,为客户创造价值呢?我们归纳了以下几点内容,希望能够帮助读者更好地享受理财咨询服务,提升财富管理水平:

1. 理财顾问可以提供多样化的金融产品选择,并通过科学分析,提供优质的投资建议。

隔行如隔山,一个人的知识理解范围有限,就算是某一个领域的专家,也未必能够通晓所有产业的金融知识。因此,现实中很多投资者存在严重的分散不足问题。正如第2讲中提及的,美国散户和中国散户平均持有的股票数量,分别只有4和2.6只。散户常常将资金过度集中在某一两个投资标的上,导致风险过于集中。理财顾问通常能够帮助投资者，进行多样化资产配置，在投资组合收益率不变的情况下，降低分散不足带来的风险。

人们往往只会选择自己熟悉、看得懂的投资标的，会因为缺乏足够的信息及理解，而做出次优选择[1]。投资信息对投资者而言至关重要。相比投资者自行搜集投资信息，理财顾问统一搜集和发布投资信息，可以降低整体的信息搜集成本，实现信息搜集的规模经济[2]。

理财顾问适时地向投资者提供有价值的投资信息，可以说是最基本最简单的工作。有价值的投资信息贵于精而不贵于多。如果投资者收到理财顾问传来的投资信息时，发现这些信息经过了消化分析，对投资决策有帮助，既能感觉到服务质量又能欣然接受这些信息，那么，信息才是有效的。

2. 理财顾问可以帮助投资者建立与坚持投资纪律，定期检视投资组合整体的回报率与风险，进行投资组合的再平衡。

投资必定会历经市场的高低起伏。只有建立与坚持投资纪律，才能在这条路上走得长远。特别是在投资失利、心情烦闷时，投资者会选择“三不政策”——不看账单、不承认亏损、不向家人坦白。

投资就像健身一样，终究只有自己能为身上的脂肪负责。即使

---

[1] MCCALL J. J.. Economics of information and job search [J]. Quarterly journal of economics, 1970, 84(1): 113-126.

[2] BLUETHGEN R, ANDREAS G, ANDREAS H. Financial advice and individual investors' portfolios. 2008, Working Paper.

已经知道营养学的减脂原则,也知道该如何锻炼肌肉,可是美食当前还是无法控制自己,忍不住一口吃下去,就不能责怪教练没看好自己。理财顾问就像健身教练一样,定期检视体重体脂率(回报率),在成绩好时与你一同开心,遇到瓶颈时陪你一起检讨;督促你坚持纪律,不因一时冲动,而乱了脚步。

再平衡是实现分散投资的重要技术手段之一。每隔一段时间,各类资产都会有起伏涨跌。那些获利赚钱的股票该卖掉出场吗?那些不赚钱的股票应该砍掉吗?没有表现的股票应该留着,还是应该加码投资?

要回答这些问题,必须检视当下的经济金融环境是否有所改变。起伏涨跌是因为央行调整了利率水平,还是因为企业公布财务报表之后,产业前景不同了?如果不调仓,投资组合是否会接近其中表现最好的资产类型?无法维持分散投资,以合适的频率进行再平衡,整体绩效反而可能难以提升。借助理财顾问的专业指导,投资者可以优化每种资产的调整幅度,制定科学合理的退出战略,较为准确地实现投资组合的再平衡。

有些投资者会产生疑问:似乎只需买入低费用的指数基金或交易型开放式指数基金并且长期持有,完全不需要理财顾问,就能够战胜绝大多数和该指数挂钩的主动型基金。事实上,想要在市场回调时做到长期持有,需要有深厚的研究功底,和坚定不移的持股信心。优质公司的股价,在3个月内下滑30%—50%的例子也屡见不鲜。对于研究功夫不足的散户群体来说,市场大幅下跌的时候通常抱股不牢，有胆识、有资金进场承接的人更是寥寥无几。有时交易型开放式指数基金和指数基金低费用的优点，反而加剧了投资者频繁交易的现象。

在投资的世界中，择时与选股从来都不是容易的事。就择时而言，投资者频繁地在高点进入，在低点退出，往往选不对时点。经验丰富的人都知道，买得漂亮不难，卖得漂亮则困难很多，而懂得等待的人更少。如果理财顾问能够帮助投资者分析买卖时点问题，在过度频繁的买高卖低倾向出现时提醒投资者的话，可以帮助投资者减少很多损失。

3. 理财顾问可以客观理解客户的行为偏误、人格特点和风险特征，协助梳理与纠正各类交易决策层面与心理决策层面的行为偏误。

买卖常常伴有情绪，只靠投资者自己，很难克服行为偏误。个人投资者在投资的过程中，容易出现过度自信、处置效应、羊群效应、地理偏差等投资偏误。理财顾问可以凭借丰富的投资经验，在大数据技术的辅助下，判断客户的投资偏误类型，校正客户的投资行为，减少客户损失，进而创造价值。

虽然理财顾问与散户的交易行为都存在处置效应（详见本书第一篇），但一般而言，理财顾问的处置效应明显小于散户，并且理财顾问建议的投资组合更加分散化，能够有效地分散投资风险。理财顾问能够有效地辅助客户，减少行为偏误并更好地分散投资组合。

4. 通过提供投资者咨询和教育，理财顾问可以帮助投资者了解风险和费用，避免客户因为重大失误而遭受资产损失。

再高的收益都可能被高昂的执行费用吞蚀，投资者需要时刻注意交易过程中产生的执行和管理费用。包括高频基金在内的一些主动式基金，交易成本非常高。有些来路不明的避险基金，则非常容易踩雷。理财顾问可以通过咨询教育，帮助投资者了解自己面临的风险和费用，避免客户因为重大失误而遭受损失。

拓展

领航、罗素、晨星对于理财顾问价值的估计

美国领航集团(Vanguard Group)又称美国先锋集团，成立于1974年，是世界上最大的基金管理公司之一，管理约3 700亿美元资产，为超过1 000万个投资者提供金融服务。领航集团估算，优秀的理财师可以为客户带来大约3%的回报，其中1.5%来自对行为偏误的纠正，0—1.1%来自退出策略，0—0.75%来自合理节税，0.35%来自配置再平衡[1]。

资产管理公司罗素(Russell)在2016年3月估算得出，优秀的理财顾问创造的价值，每年高达3.75%。其中，对客户投资行为指导的贡献为2.1%。在市场出现巨大波动、投资者最容易受到恐惧和贪婪情绪主导的时候，理财顾问往往更能够创造价值。

[1] 美国理财顾问服务的七种价值：纠正行为偏误、多样化资产配置、降低执行费用、合理节税、制定退出战略、配置再平衡、信息规模经济。

晨星公司（Morningstar）则通过传统的经济学效用理论和统计模拟方法，在不考虑纠正行为偏误的前提下，计算出理财顾问创造的价值为每年1.59%。

当局者迷，旁观者清。人们在为自己和他人做决策的时候存在差异——这是理财顾问服务降低投资者行为偏误的有效性的心理学解释。框架效应告诉我们，人们在决策时，会受到决策框架的影响。心理距离就是一种决策框架，在为自己和亲朋好友等心理距离非常接近的个体做决策时，人们更容易产生损失厌恶。但是，在为心理距离较远的人做决策时，人们反而可以更加理性地思考，减少行为偏误。理财咨询正是巧妙地利用了一种行为偏误，抑制另一种容易引发损失的行为偏误。

对于理财顾问而言，不同的客户具有不同的性格、资产状况、信息渠道和专业素养，必须用心收集客户的信息，从生活信息着手。例如，客户喜欢喝茶，理财顾问可以学习一些品茶艺术；客户正在安排孩子出国留学，理财顾问可以适度地交流与留学相关的内容。这些活动可以拉近彼此的距离，增进彼此的了解。但也不用本末倒置、过度投入，以为理财顾问必须涉猎广泛，十八般武艺样样精通，还要替客户收信遛狗带小孩……

其实，大多数客户根本不缺理财顾问一个喝茶聊天的朋友，而是在这些轻松的活动中，客户可以顺便通过理财顾问取得专业信息。

例如,出国留学计划需要妥善安排资金,用来缴付学费和生活费;客户的孩子对经济金融相关学科有兴趣,也可以趁早对第二代做投资教育,规划保单;客户谈到拥有比较多的房地产时,理财顾问可以提出流动性和融资规划……总之,能够获得客户的信任,并建立起伙伴关系,为客户带来价值的提升,才是理财顾问自身价值的体现。

思 考

✧ 你觉得在家族传承的过程中,最重要的是什么,财富可以传递多少代呢?

✧ 你是否认为只有非常富有的人群才需要理财顾问,一般富裕的家庭只需要自己打理资产即可?

✧ 什么能够加深投资者与理财顾问之间的信任关系?是理财顾问的学历背景、投资经历、应对突发事件的能力、双方相处的时间,还是理财顾问对投资者的熟悉程度?

✧ 现阶段,理财顾问获取报酬的方式主要有交易佣金、产品销售分成、投资业绩分成、按咨询时长收费、按订阅收费等,你更希望你的理财顾问以哪种形式获取收入呢?

✧ 你了解理财顾问的价值了吗?

第 4 章

具有行为金融视角的投资者咨询

中国 A 股市场是世界上最为壮观的散户市场，也是行为金融学理论最佳的“实验场”。中国拥有全球规模最大、交易最活跃的投资者群体，投资者队伍达到 1.5 亿人，其中 95% 以上为中小投资者，而这个特征在国际上并不多见。改变散户市场状态的呼吁已经持续了数十年，但是进展比较缓慢。这两年在机构化的努力下，基金开始大举入市，但还是改变不了交易主体是散户的事实。那么，到底如何保护散户？散户应该如何自我保护？

投资不是靠运气，闭着眼睛瞎蒙，而是有章法有招式的。通过梳理，我们知道投资的成败，既与经济发展与金融市场的“硬”知识有关，又与拿捏心理与行为金融的“软”功夫有关。在投资市场上长期获利的成功投资者，从来不是糊里糊涂地道听途说后就进场买卖的，而往往是在行动之前，已经有过清楚、全面的进场和出场逻辑的，并且随时能够敏锐地捕捉到市场变化对投资组合的影响。

投资者咨询，又称投资者教育，类似于投资者的扫盲班，是指政府或金融机构通过新闻媒体,以开设投资者咨询专栏、投资者咨询活动等方式,向社会公众传达金融市场基础知识,提升投资者金融素养和风险意识的系列活动,是投资者权益的"保护罩"。资本市场是一个多元共生的生态系统,投资者则是维系整个生态系统运行的基石。对于监管部门而言,开展投资者咨询是促进金融市场长期良性发展的重要工作,因此备受重视。

传统的投资者教育,内容以讲解金融知识、产品知识和交易流程为主,要么理论太过高深,要么读来枯燥乏味,不能真正地对投资者产生潜移默化的影响。对于独立投资者而言,自我学习需要搭配投资者咨询,弥补金融基础知识的不足。而投资者咨询与教育必须引入行为金融视角,弥补心理决策的缺陷,矫正投资交易层面上的行为偏误,不断地自我修正,从而改善投资收益率表现。

投资者教育在中国已经推行了很长时间。虽然监管部门有意保护投资者利益,尤其是中小投资者的利益,也在很多制度方面向中小投资者的利益倾斜,但事实上,在一个由中小投资者主导的市场中,特别是在中小投资者存在许多行为偏误、交易损失严重的情况下,市场公平性与市场流动性的质量表现同等重要。政府需要持续倡导理性投资文化,引领投资行为改变,落实投资者保护工作[1]。

目前,投资者教育已经全面纳入国民教育体系。开展投资者教育,能够更好地规范市场秩序,稳定投资者情绪,促进资本市场的长

---

[1] 刘玉珍. 保护散户还是散户"自我保护"?[N]. 南风窗,2019-06-04(11).

期发展。在证监会将投资者教育基地纳入券商分类评级的考核指标后，许多机构陆续开展金融教育活动，并通过网站发布、活动宣传、现场咨询等形式，向投资者介绍市场动态，普及投资常识和金融法规。但是，这类教育活动对于提升投资者的福利而言，仍然是不够的。

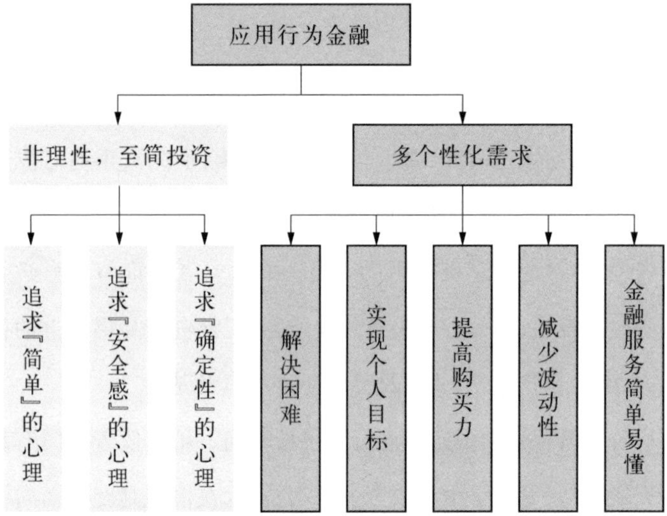

应用行为金融学理论的两种思路

在财富管理业务中，应用行为金融学理论的思路有两种：第一种是挖掘和理解自身的非理性投资心理，简化投资方式。通常而言，人们的非理性投资心理有三种，一是追求简单，希望将投资决策简单化；二是追求安全感，不希望投资威胁本金安全；三是追求确定性，希望降低收益的波动性。第二种思路是满足个人的个性化需求。应用行为金融学，可以帮助投资者解决困难、实现个人目标、提高购买力、减少波动性,使得金融服务简单易懂。

散户行为偏误的存在,使得A股市场的投资者教育任务非常繁重与复杂。财富管理公司和理财顾问可以在传统投资者咨询的模式上进行改进,在客户画像中引入行为金融视角,深入了解投资者的金融素养与需求,摸清投资者的投资心理与行为模式;根据投资者行为偏误的形式及其严重程度,有针对性地调整,做到因材施教;适时为每个投资者推送量身定制的咨询服务,减少投资者损失。更进一步地,可以开发一些正中靶心的交易纪律产品,突破传统财富管理机构的业务范围,做大做深理财市场。

同时,在金融科技的带动下,将行为金融这一利器,引入投资者咨询的过程中,可以扩大理财咨询的业务范围。分析投资者的投资行为记录,根据投资者接受咨询前后金融素养与行为偏误的变化,准确地评估投资者咨询的作用,可以更好地度量咨询的价值,并将其作为理财顾问的绩效考核指标。

第22讲
投资者咨询1.0:了解金融素养

做任何事情都有门槛。想要开车,得先掌握驾驶技巧;想治病救人,得先了解医学知识。投资也是一样,为了帮助投资者系统地、科学地获取基础知识,投资者咨询服务必不可少。成功的金融知识教育，能帮助投资者理性地了解事物本质，提高投资专业知识水平，提升财务分析和判断能力，借此增加投资的成功率。

投资者的金融素养越高，做出正确决策的概率也越高，这是当前很多金融机构的投资者咨询的理念基础[1]。推送金融基础知识、快速提升投资者的金融素养、增强投资者风险意识，也越来越多地被金融机构认可。有效的投资者咨询与教育，必须明确咨询目的、了解投资者的学习机制，并且理解咨询的作用方式。因材施教是投资者咨询成功的关键，因此，准确判断投资者的金融素养，量体裁衣，有针对性地不断地改进投资者咨询的方式和内容，是投资者咨询首先需要完成的任务，也是判断投资者咨询服务价值的基础。

金融素养的高低，直接影响了居民家庭的金融和投资行为。金融素养水平越高的家庭参与风险市场，特别是股票市场的可能性越大。将德国前三大零售券商在线账户的交易数据和问卷调查结合起来，进行实证分析，研究者发现金融知识水平较高的投资者，所持有资产组合的分散化程度更高[2]。分别在美国和瑞典开展的实证分析也发现，金融素养较高（更加富有和受教育程度更高）的投资者，购买供职公司股票的概率更低，资产组合的分散化程度更高[3]。也有

[1] 刘玉珍，徐鑫. 投资者教育：行为金融视角的文献综述. 2019，工作论文.

[2] DORN D, HUBERMAN G. Talk and action: What individual investors say and what they do [J]. Review of finance, 2005, 9(4): 437－481.

[3] KIMBALL M S., SHUMWAY T. Investor sophistication and the home bias, diversification, and employer stock puzzles. 2010, Working Paper.
CALVET L E., CAMPBELL J Y., SODINI P. Measuring the financial sophistication of households[J]. American economic review, 2009, 99(2): 393－398.

研究发现,金融知识对于家庭投资组合的多样性,以及风险调整收益具有正向影响[1]。

那么,如何判断一个人的金融素养?政策上,投资者门槛与投资经验,常常被用作金融素养的评估基础,因为这两个标准简单且易执行。学理上,金融素养主要体现在金融知识和金融行为两个方面。

拓展

如何评估投资者的金融素养

金融知识主要通过问卷调查和实验测试等方式衡量。例如,"美国健康和退休调查"(Health and Retirement Study)设计的问卷中,询问了对利率、实际回报率以及风险分散的理解,用以评估个人所掌握的金融知识的情况[2]。此外,也可以通过模拟财务决策场景,并设计金融决策问题,考察投资者的金融和财务管理知识水平。

金融行为则主要通过问卷调查进行评估。常见的问题有:是否有紧急备用资金?是否对自己的退休生活有安排

[1] GAUDECKER. How does household portfolio diversification vary with financial literacy and financial advice? [J]. Journal of finance, 2015, 70(2): 489 - 507.
曾志耕,何青,吴雨,等. 金融知识与家庭投资组合多样性[J]. 经济学家,2015(6): 86 - 94.

[2] LUSARDI A, MITCHELL O S. Financial literacy and planning: Implications for retirement wellbeing. 2011, Working Paper.

和规划？是否有储蓄和投资行为？是否存在个人失信记录？在银行等金融机构的信用情况如何？等等。

合理运用“拓展”栏目中介绍的方法，能够对投资者的金融素养形成一个基本的认识。那么，哪一种方法更有效呢？实际上，问卷调查和实验测试方法，在评估投资者的金融素养方面各有优势与劣势[1]。目前中国财富管理行业中的问卷调查，有时因为问卷太过正式，令投资者感觉局促，不太愿意如实回答；有时因为问卷设计的体例与形式局限，令投资者无法畅所欲言；有时也会因为理财顾问虚构应付而草草结束。

为了弥补这些缺陷，有经验的理财顾问会在这些问卷的基础上，搭配一些较为轻松的非正式问答，往往能够获得更加充分的信息。例如，“您过去进行过哪些投资？”“曾经最多赚过多少钱，赔过多少钱？”“那时候您是什么心情？”“后来什么情况下继续加仓，什么情况下选择离场？”“您的孩子长大后，会不会支持他做生意呢？”……这些大大小小的故事，其实相当重要。投资者的理财目标、金融知识掌

[1] 问卷调查法通过对比干预前后个体金融行为的变化是否显著，来评估金融干预是否有效。但是，问卷调查的方式可能受到内生性问题的影响，无法得出因果关系。因此，也有研究采用田野实验来评估金融教育的影响。实验研究具备严格的设计机制，有利于评估干预项目的有效性和因果关系。经济学家提出评估实证研究的“黄金法则”，认为评估干预项目，应当比较接受教育干预的实验组与未接受教育干预的对照组的结果差异。实验研究固然内部效度较高，但也会面临外部效度较低的问题。

握程度、金融行为与投资经验，除了要储存在理财顾问的脑海中，也要在理财机构中留下完整的记录。机构可以通过行为金融体系建立行为标签体系，弥补当前客户画像中的静态人口标签，作为日后提供切合需求的理财产品时的基本蓝图。

投资者教育分为金融知识普及与行为偏误调整两大类。金融知识普及旨在帮助投资者掌握最基本的投资知识，包括金融市场与产品的基本情况、金融投资相关的交易流程，以及金融行业的法律法规知识等，着眼于提升投资者的金融专业素养。行为偏误调整旨在根据投资行为偏误的种类，着眼于通过投资者咨询，修正投资者具体的行为偏误。

案例

银行一早刚开大门，一位大妈满头大汗地冲了进来，看来是刚跳完广场舞过来，嚷嚷着找人给介绍投资产品。银行客服问道："您想投资什么产品呢？"大妈回答道："我什么也不懂，你帮我找最安稳的、不会赔钱的，只要一年利息有20%就行！"听到这样的回答，请读者猜测一下，这位大妈的金融知识水平如何呢？

首先，20%的回报率远远高于市场低风险理财产品的平均回报水平。估计，大妈并不清楚最保守的银行定期存款利率有多少，也不知道央行的指标利率是多少。再者，大妈的风险意识可能相当薄弱，不知道高回报通常伴随着高风险。因此，理财顾问必须在大妈投资之前，先评估她的金融知识与投资经验。

金融知识：利率、房市与股市

提升投资者金融素养的第一步，就是帮助投资者掌握基本的金融知识。

前述案例点出了一项投资所需的基本金融知识——利率水平。利率水平是货币的供给与需求达到均衡时所促成的价格。以银行存款利率为例，利率低表示存款的回报率低。相较于银行存款，越是高风险的投资，越是要提供相对高的回报率，作为承担风险的报酬。

当前市场的利率水平至关重要，扮演着所有其他投资预期回报率的基准角色。关于回报率，有这么一种说法——**"10%不算少，50%不算多"**。例如，假设银行定期存款的利率只有3%，那么投资给出10%回报率并不算少；但是，对于创业者风投而言，投入了极大心血开创事业，相较于所承担的风险，50%的回报也许并不算多。天下没有不劳而获的事，用当前市场的利率水平作为基准，简单评估其他投资风险，就是要提醒投资者，看清楚所投资的标的，随时保持风险意识。

利率的高低起伏与景气循环、经济成长状况、产业发展态势息息相关，也牵动着包括股票、债券与房市等在内的金融市场的神经。不同的国家利率水平有所不同，但运作方式及其对市场影响的本质是相同的。有效市场假说(Efficient-market Hypothesis)理论告诉投资者,市场是有效率的,价格已经反映了所有的信息。因此,投资的回报总是跟随相对应的风险。

回顾历史,2008 年金融海啸时美联储连续七次降息,每次降息的消息一宣布,道琼斯指数就会上演相对应的“庆祝”行情。当时美国除了施行了好几轮量化宽松外,还把利率降到了接近零的水平。更甚者,在 2008 年 12 月底,美国利率降到零的最低水平后,出于对 2009 年股市低迷的忧虑,市场上甚至出现了关于负利率的讨论。部分经济体,如日本与欧盟,也确实推出了史无前例的负利率政策,至今对股市仍有影响。

那么,为什么利率下降会被解读为股市利多?简单来说,利率上升时,公司的借款利息会增加,资金成本便会提高,导致利润下降。利率上升至一定程度后,原来各上市公司投资在股市的资金,便可能因为公司资金成本上升的压力,从股市移转至公司内部,以维持公司资金的灵活运用,或转投到债券。如此可能造成股市失血,而债券价格上涨。

利率变动对国内股市的影响也很大。2008 年金融海啸期间,政府除了施行“4 万亿”计划外,也降低了利率和存款准备金率,目的就是刺激经济增长,并借此稳定金融海啸以来动荡不安的股市。这是由于一旦利率过低,投资者便会眼睁睁地看着所存的钱一天比一天不值钱(扣除通货膨胀后),因此短期之内,投资会转移到股票和房地产上,动荡的股市因而有机会喘气冷静一下。中长期而言,市场利率下降，公司的借款利息成本下降，有机会搏一搏再翻身，进入下一轮经济成长周期。

历史总是一再重复，为缓解新冠肺炎疫情对全球经济及金融市场的冲击，一些海外央行，相继宣布降息与实施 QE（Quantitative Easing，量化宽松）等宽松货币政策，增加流动性，为金融系统提供有效的支撑，也催生了股票市场的牛市。2020 年全球央行的大放水，也引来了市场对 2021 年高通货膨胀的担忧。以美国为例，在 2021 年 2 月，10 年期通胀挂钩债券收益率出现了大幅上升，投资者开始担心美联储会紧缩货币政策，以抑制通胀上升。在疫苗接种进程加速、经济迅速复苏、财政政策刺激的背景下，全球利率水平的上升，将会加剧股市的波动。

此外，利率水平如果大幅上升，每月所付的分期付款将巨幅增加，会对分期付款买房的业主产生很大的负面影响。一旦房地产投资者的负担增加，“无房族”就会增加，不仅对房市不利，也会形成社会压力。各行各业对于利率的变动有着不同的敏感程度。例如，传统银行业以存贷款为主要业务，存贷款利率差是营业利润的主要来源。利率水平的变动，可能会侵蚀银行的营业利润。由此可见，对利率的走向动见观瞻，房地产与银行业为最敏感。

在过去，保本型理财产品一直是银行理财产品发行的重要类型，分为“保证本金保证收益”和“保证本金浮动收益”两类，都属于低风险类产品。无论发生什么问题，银行都会保证客户，到期可以拿回全部本金。2015 年，新出台的行业规定明确要求，金融机构开展资产管理业务时，不得承诺保本保收益。出现兑付困难时，金融机构不得以任何形式垫资兑付。至2020年底，曾经大受欢迎的保本型银行理财产品，已经大幅退出历史舞台，向净值型产品过渡。随着刚性兑付的打破，理财投资的风险将逐步转移至投资者身上。将资金安全放在首位的上市公司，在过渡期后，很有可能与银行理财产品无缘。

但是，市场对保本的需求仍然较大。因此，在资管新规落地以来，有不少地方中小银行，将过去的保本型理财产品更名为结构性存款。商业银行的结构性存款，被视为保本型理财产品的最佳替代品，因为银行只使用利息去博取高收益，而没有动用本金。所以，这种做法既保障了客户的本金，又增加了客户的收益。

未来，投资者踏入理财市场需要更加慎重，可以通过产品类型，辨别其能够保障本金的概率：若80%以上投资于风险较低的资产，如低风险债券，则大概率可以保本，但收益也比较少；若80%以上投资于房地产、股票或金融衍生品等风险高的领域，则有很大概率无法保证本金。

即使能够保本，最终还是有发行银行倒闭的风险（Issuer Default Risk）。尽管这在中国看似是不可能的事，但1998年亚洲金融危机期间，海南发展银行破产；2020年包商银行由于大股东大量贷款，形成坏账，最后因资不抵债正式申请破产。2015年存款保险制度的正式实施，意味着银行不倒的神话即将成为过去。所以，即便不做投资理财，把钱存在银行也并非绝对安全。因此，理财机构应该主动提示风险，投资者也必须谨记在心。

像美国雷曼兄弟公司这样几乎在一夜之间倒闭的情况，也不是不曾发生。雷曼兄弟发行的相关证券，使得投资者蒙受了重大损失，多年难以回复。而有些资质较差的金融机构，更是挖东墙补西墙，将发行新产品获取的资金，挪用到旧产品的到期回收上，仿佛“十个锅子六个盖”。平时还可以顶着，一旦七八个锅子一起滚沸，就难以招架；要是十个锅子一起滚沸，就只能眼睁睁地等着收拾残局。

第23讲
投资者咨询2.0：做好资产配置

随着我国金融市场的日益成熟，金融产品的种类日渐繁多，在未来的财富管理过程中，仅仅认识股票和理财产品是行不通的。投资者需要对各类金融产品有基本的认识，在各大类资产中做好资产配置，才能最大限度地保障自身财富的稳定增长。

案例

经过理财顾问的一番解释，大妈似乎理解了根据当前利率水平评估投资回报率及风险的合理性。大妈接着说：“但我究竟应该买些什么呢？一起跳舞的朋友告诉我，才不过两天工夫，她的股票就赚了20%，今天打算脱手了，正准备拿挣的钱给晚餐加菜。她买的东西我不懂，股票我是肯定不碰的，我不贪心，也坚决不走捷径，不赚快钱，就想稳稳地收利息就行！”

原来，这位大妈的朋友是买了股票，赚了两天涨停板的快钱，而大妈想要的是收利息。收利息的投资产品一般属于债券类，性质和切入点与股票类产品截然不同。理财顾问需要确认大妈是否具备理财产品的基本类别知识，并且尽力理解大妈对股票的负面印象。

股票、债券、基金

股票、债券、基金都是理财常用的工具。公司开创和营运需要用钱的时候，可以选择发行股票取得资本，或者向银行借款或发行债券取得融资。那么，股票和债券有什么区别呢？

如果投资者选择购买股票，就意味着成为公司的小股东，股票持有期内可能会获得股利分红。公司对股价的高低没有承诺，对股东的损失也没有补偿义务。最坏的情况下，股价大幅下跌，股票变得一文不值。因此，股东看重的是买了以后，股价会不会涨，以便卖出手上的股票获利。公司本身的盈利能力和成长性以外，产业经济状况、资金流动方向、市场情绪等等，都可能影响股价的短期波动及中长期趋势。

如果投资者购买债券，就意味着借钱给公司，成了公司的债权人。依照债券条款的约定，持有期内公司承诺必须定期发利息，到期时必须将本金返还，否则就是违约，投资者可以通过法律程序请求赔偿。最坏的情况下，本金利息全部“泡汤”。因此，债权人看重的是公司偿还债务的能力。公司现金水平、资产品质状况、偿还债务顺位、信用评级、利率走向、是否有其他担保等因素，都会影响债券的回报率。比较安全的债券收益率比较低，收益率高得吓人的债券，很有可能公司正濒临破产。

这两者的区别在于，**买股票，要的是成长；买债券，要的是安稳；如果想要两者兼得，便要通过资产配置来达成**。若是投资者不愿过多费时耗力，去了解个别公司的信息，还有第三种选择——投资基金，由专家团队做上述的基础研究分析，由基金经理人选择标的和买卖进出时点，或是选择交易型开放式指数基金等被动跟随市场的指数，从而达到分散投资组合的目的，避免集中投资于个别公司，降低风险。根据投资标的的类型，基金或交易型开放式指数基金可分为股票型、债券型、混合股票债券的平衡型几种。

总之，股票、债券、基金性质不同，伴随而生的风险也就不同。

拓展

可投资资产的种类

目前我国可供投资资产的种类日渐丰富，主要有以下几类：

黄金，包括实物黄金、纸黄金和黄金期货等。

基金，包括共同基金与私募基金。其中，私募基金包括收购基金、风险投资基金等。

股票,已有沪深主板、创业板和科创板等股票板块,可供投资交易。

期货,包括大宗商品期货、股指期货等,可用于投机交易,调整杠杆或对冲风险。

债券等固定收益类资产,包括国债、公司债券与地方债券等。

银行存款,目前仍然是大多数居民的投资首选。

外汇,可以通过银行外汇理财产品进行投资。

保险,收益类保险产品不仅具有最基本的保险功能,而且能为投资者带来一定的收益。

房地产,这是当前中国居民最重要的财富形式。

另类投资,例如葡萄酒、珠宝、艺术品和古董等,流动性较低,有各自独特的市场负责价格鉴定。

案例中的大妈,对于股市投资报着警戒的态度,有着买股票就是"贪心、走捷径、赚快钱"的印象。也许股市疯狂涨跌的时候,投机博彩的性质太浓,会给人带来负面的观感,觉得挣钱不踏实,来得快去得也快。然而,在成熟的经济体系里,股市是资金融通重要的桥梁,扮演着经济橱窗的角色。投资股票,需要了解公司的业务前景、财务状况、竞争对手,以及管理者的经营理念等内容。

公司业务应该专精或分散？从股东利益的角度来看，公司应该专精于某一特定的行业，还是通过多元化经营来分散风险，这是一个值得讨论的问题。20世纪60年代的美国投资者，受投资组合分散风险理论的影响，认为综合经营的公司较单一产品的公司更佳，使得综合经营的公司成为投资者追捧的对象。受这一风潮影响，综合经营的公司的股价相对于单一产品公司出现了溢价。但到了70年代，投资者开始注意到，专精于某一特定产品的公司，业绩表现较综合经营的公司更佳；到了80年代，投资者更是放弃综合而选择专精的公司。结果，很多综合经营的公司不得不拆分、重组以及出售不相关的资产。从股价和公司业绩来看，单一产品公司的表现，的确远比综合经营的公司来得好。

未来，专注于本行业的公司，更有可能在竞争激烈的环境下生存和发展。专一性公司逐渐受到投资者青睐，理由很简单：在知识爆炸的时代，每个管理者的知识和能力有限。企业为了降低经营风险，实施多元化经营，必须网罗众多优秀且精于各行业的专业人才，以加倍的精神去管理，然而这实非易事。因此，专一性公司更容易在竞争中获胜。高科技时代，产品的研发、创新以及领先的技术特别重要，唯有专注于特定行业，才更容易在新产品的开发上领先竞争对手。单一产品的公司虽然风险较高，但投资者可以通过分散投资，达到降低风险的目的，无需为多元化经营的公司付出更高的价格。

目前，我国的上市公司中，有许多从事多元化经营的公司，有些传统产业涉足高科技产业以维持成长并提升获利；也不乏专注于本行业,且业绩表现不俗的公司。因此,投资者的选择很多。而选择公司进行投资,最重要的是要了解和认准公司的管理者。管理者的经营理念与领导人的特质,是左右公司未来发展的关键。当广大散户没有时间,也没有专业能力了解公司财务报表的真正涵义时,观察公司管理者的行为特质,就变得非常重要。“人对了,事情多半也就对了。”即使股票买贵了,只要公司管理体系健全,抱着买入并长期持有的策略,仍有较大希望获得不错的利润。

可是,如果公司的高层主管不务正业,人谋不臧,甚至造假,即使股价已经很低,仍然有可能一蹶不振。这两年,政府一方面积极实行股票发行注册制,另一方面,也努力建立常态化退市机制,施行优胜劣汰的市场淘汰机制。中国有不少杰出的企业家,他们高瞻远瞩,以持续不懈的努力,为文明社会开创新疆界,造就了一批极具国际竞争力的企业。罗马不是一天建成的,同样,一个企业的成功也绝非一蹴而就的,抱有侥幸心理的企业很容易被市场淘汰。

为什么同一产业的公司,有的发展迅猛,有的只是维持不变,而有的业绩却惨不忍睹呢?企业的成功与否,与企业家的眼界、经营策略、生意模式、管理能力和领导作风等因素,有相当重要的关系。正派经营的企业家追求创新进步,有效地运用社会资源回馈社会,十分值得学习与敬佩。管理技术、价值理念与企业文化是公司价值的底气所在,不但影响产品与服务,而且长远来看,终究会反映在市场认同的股价上。这种现象也启示投资者,挑选股票时,要选择管理良好和具有产业前景的公司,对管理与经营团队的相关背景报道要多加注意，以便进一步了解其经营理念、态度和作为。

水能载舟亦能覆舟——衍生工具

衍生工具包括股指期货、认股权证，以及国内近几年发行的可转换债券等。衍生工具就像一个杠杆，具备以小博大的特质，并且约定有一定的存续期间。散户一定要先弄清楚，是不是“回报有限、风险无限”。一般而言，期权、期货或其他金融衍生工具都有特殊用途，包括避险、对冲、投机和套利等。假如公司能够善用衍生工具，从事避险或对冲活动，不但可以增加公司的价值，也可促使管理者更加专注于本业，对公司而言未尝不是一件好事。水能载舟，亦能覆舟，衍生工具的应用更是如此。

慎用衍生工具

投资股票和债券，最坏的情况只是损失全部的投资金额。而由于杠杆的存在，一些衍生工具可能造成远超本金的损失。因此，投资者必须慎用，并且做好风险控管。不当地使用衍生工具，很有可能导致公司破产，甚至整个集团倒闭。1995 年霸菱银行倒闭事件，就是因为交易员对日币选择权操作策略的误判，以及霸菱银行对于持仓部位风险控管的疏失，最后导致百年基业毁于一旦。

即使是高手，也不能轻视衍生工具的风险。期权理论领域的杰出学者斯坦福大学教授迈伦·斯科尔斯(Myron S. Scholes)和哈佛大学教授罗伯特·默顿(Robert C. Merton),都曾被授予诺贝尔经济学奖,以表彰他们在股票选择权定价理论上的贡献。1998年亚洲金融风暴期间,美国LTCM(长期资金管理会公司)的避险基金破产了。尽管LTCM为上述获得过诺贝尔经济学奖的知名大师所管理与操盘,但因其轻视了国家风险与流动性风险,终究招致失败的命运。LTCM的例子,给许多自认为是衍生工具高手的人,提了醒。

经济周期与投资趋势

俗话说“十年河东,十年河西”,股票市场也有同样的现象,只是时间间隔较短而已。我们经常见到的现象是“类股轮涨”。但是,何种类股领先涨呢?何时开始换类股比较好?什么是最佳的投资策略呢?一般而言,大牛市比较有利成长股,然而价值股对熊市的抗跌性可能较强。投资人在进场之前应该做好研究,列出投入的理由,当这些理由不存在的时候,就是出场的时候。

人人都想买低卖高,但知易行难。投资要获利,得要在别人开始买之前建立仓位、在别人开始卖之前离场,若只追求热门股,往往买在股价历史高点,而热门股的风潮一旦过去,股价大幅下跌,投资人因为对公司没有研究,无法产生价值认同,也就抱不牢;进退维谷之际,又“发掘”到另一个热门股,砍掉仓位追逐下一个热门股,回头一看正是卖在最低点。这样的循环，正是许多散户股民多年来的行为写照。

要摆脱这样的循环，可以从经济产业发展的轨迹，找到每一个时代投资的大趋势。当下，“新经济”（New Economy）一词常被提及，不同于以传统制造业为基础的“旧经济”（Old Economy），新经济是以创新、科技为主的服务型经济。即使是同样的产业，有的企业墨守成规成为“旧经济”，有的则通过创新突破成为“新经济”，例如传统的汽车制造，和电动汽车、无人驾驶新领域。最近几年中国新经济公司IPO频发，见证了新经济代表的资本盛宴。

案例

和煦的午后，一向准时的老爷子和已经约好的理财顾问坐下来，准备进行定期的投资组合检视。由于退休前在工厂工作，与环境污染打过交道，所以老爷子比较关心环境保护；老伴退休前在学校工作，更加关心教育问题。理财顾问服务老爷子多年，深知他对股票投资没有太多心得，退休投资组合中，有八成放在分散风险的基金上，以赚取稳健的收益为主。

老爷子开口说：“这么多年累计收的利息，生活也用不上，想用这些钱买一点股票。你能不能帮我找一些专门做环境保护或教育的公司，正派经营不乱搞的？以前买的股票，有赚有赔，老实说我也捉摸不透。我们这些钱已经足够应对退休生活的开支，多余不用的钱，投在一些对社会有帮助的公司，也算是一种支持。也许这些做好事的公司，才能长长久久。”

案例中老爷子，想要投资对社会有帮助的公司，可以想见他是个有社会责任感的经营者，具备了当下所倡导的“ESG”投资理念。ESG是环境（Environment）、社会责任（Social Responsibility）和治理（Governance）的缩写，是一种关注企业在环境、社会责任、治理绩效方面的投资理念的企业评价标准。通过ESG绩效，能评估企业在促进经济可持续发展、履行社会责任方面的贡献。数据证明，国际市场显示，ESG表现良好的公司，运营和财务表现同样出色，这样的企业通常能够更好管理未来的经济、环境、社会机会和风险，更加关注质量与生产力创新，通过环境保护、节能减排，来降低运营成本，创造竞争优势，提高长期价值。

1997—1999年间，泰铢贬值引起亚洲金融风暴。虽然金融危机在每个国家产生的原因不一，但其实大同小异，基本上都是公司举债，尤其是短期负债和外债所引起的。当时在韩国，一般公司负债对股东权益的比值高达三四倍。高度的杠杆伴随着高度的风险，负债高的公司，在经济景气时，或许可以扩张生意版图，收到“巧借东风”的效果；一旦经济疲弱，或者遇到外围环境的“黑天鹅”事件，就可能变成“火烧连环船”，陷入财务危机。企业在长期经营的过程中，遇到挑战在所难免。因此，比较保守稳健的公司，一般都采取较低负债比率的策略，即使遇到风暴，也能持盈保泰、渡过难关。而对于质押自己公司的股票，利用贷款不务正业或者中饱私囊的企业，投资者要特别警觉。

第24讲
投资者咨询3.0：简单的投资心法

散户投资者在专业知识、风险承受能力和投资理念等方面，与机构投资者存在很大的差距。事实上，即使投资者金融知识和投资经验已经相当丰富，也未必能够保证投资成功。国际财富管理市场中的一些投资者以精明著称，身经百战，拥有多年国际投资的经验和极为敏锐的风险意识，也十分注重产品合约条款说明和风险揭露。他们不仅愿意尝试各种各样的，从简单到复杂的创新产品，理财信息与理财渠道往往也通畅无阻；市场上相关的理财顾问都经历过考试训练和层层认证，专业水平都很高；在清楚明晰的监管与指引下，金融机构非常注重从业人员的职业操守，在激烈的市场竞争中不断地提升管理能力。

然而，即便如此，投资失利、损失巨大的状况还是时常发生。

上述现象出现的一个重要原因，就是投资者极易受到心理和情绪的影响，却又往往不自知。投资最大的“敌人”正是自己。接受投资者教育，洞悉市场，并且克服反应过度、反应不足、过度交易、投机偏好、分散不足、处置效应等行为偏误,可以有效地降低投资损失,提高投资成功的概率。接下来,我们总结一些简单易行的投资者教育的心法。

不要过度交易

报纸杂志经常以类股轮动,来剖析盘面走势,譬如说:汽车股转弱,半导体板块要发力了。有些散户看到此段报道,可能就会抛出手中的汽车股票,买入半导体股票。过一阵子后,发现汽车股的涨势未歇,而半导体股出现短暂行情,可能又急急忙忙地换回来。再比如,散户听到关于某个股的市场消息,便大笔买进。不料买进以后,股价不断地下滑,情急之下赶紧认赔出场。可是,经过几个星期的洗盘换手,净额出清之后,股价又一路飙涨……常转股的行为,造成了“割韭菜”的股市景象,散户经常因此蒙受损失,令人惋惜。

那么,机构投资者会怎么做呢?在管理良善的组织中,建构投资组合通常需要得到研究部门的支持、委员会成员的同意之后,才会执行。每隔一段时间,专门的负责人会重新审视投资持仓,然后采取再平衡(Rebalance)的策略调整持仓。也就是说,除非有充分的新信息,认为原本持仓的理由已经不复存在,机构投资者一般不会在短期之内,为了几块钱的差价而转仓。投资者可以主动询问股票型基金在一段时间内的换手率(Turnover Ratio)如何,了解基金是否经常转股。

建立投资菜单

资金实力有限，投资经验不足，容易产生行为偏误的投资者，不妨按照以下步骤，简单地建立一个属于自己的“投资菜单”：首先，选择财务状况稳健、产业前景良好的公司，把自己认为应该持仓的理由，采用重点清晰的形式列在投资清单笔记上；其次，通过反复验证，先建构起小规模的持仓，定期持续投资。不要因为一点点风吹草动就自我怀疑，或者因为贪心想赚快钱而忍不住换股；然后，严格遵循建构、定期审视、再平衡投资组合等步骤，按部就班有纪律地让资产生财；最后，也可以适当地追求绝对的金额盈亏，未必一定要像机构投资者那样，以相对收益率、打败大盘为主要目标。

许多个人投资者，因为初始阶段研究不深，所以持仓抱不牢，在周期性变化的小区间中，也许能够赚到几块钱的差价，而在市场上下震荡的时候，就很容易被甩下车，从而错失真正的上行波段；当真的发生结构性反转的时候，散户又会措手不及，亏的是真正的下行波段，正所谓赚了小钱、亏了大钱。俗话说，“滚石不生苔”，常转股不易生聚财富，不但到头来一场空，又得支付交易税与手续费，实在划不来。

不要借钱炒股

有些企业老板曾经风光一时，赚了不少钱，便被冲昏了头脑，忘记了投资的潜在风险。他们不但过度扩大经营规模，而且大量举债，完全背离了“有多少实力，做多少生意”的原则，到头来一败涂地，损失惨重。二战后日本经济迅速恢复，20世纪80年代开始进入高速发展，日本企业非常看好经济前景，大量举债扩展企业规模。到了90年代，日本股市泡沫破灭，大量企业陷入沉重的债务负担，至今仍然无法脱身。可见，当一家公司依靠举债来发展，并且有一段很长时间表现良好的纪录，大环境的变动依旧有可能造成不可估量的巨大损失。

投资的道理也一样。牛气冲天的时候，融资操作可以使你的财富滚滚而来，这个时候，有谁听得进去“风险”这两个字？可是等熊市来临时，原来风光一时、借钱买股票的投机者，不但要把原来赚的钱都吐出来，甚至可能血本无归，倾家荡产，正是“风光一时，痛苦一世”。因此，建议一般散户不要随便使用融资操作交易，稍有不慎，不仅一辈子的储蓄瞬间灰飞烟灭，而且自身也会陷入巨大的债务危机。

假设你有10万块，用自己的钱买了股票，股价涨50%就赚5万块，股价跌50%就亏5万块，最多就是全部亏光（跌100%）。假设股票可以贷款四成，你自己的10万块买了股票，拿股票借出4万块再买了股票，总共买了14万块的股票。若是股价涨50%就赚7万块，比起没有借钱的时候多赚2万块，这便是融资操作的甜头。万一股价跌50%，这时候股票的价值只剩下7万，借钱给你的人只承认担保品价值的四成，少于借给你的4万块，便会强制追缴（Margin Call）。如果把股票卖掉抵债，实际亏7万块，比起没有借钱的时候多亏2万块。万一股价跌了100%，不但自己的10万块全部亏光，还负债4万块，更别提借钱的利息。

今天会发生什么事，尚且没有人知道，更何况是明天呢？大牛股也会猝不及防连跌数日，在市场发生极端“黑天鹅事件”的时候，借钱炒股会导致自己的财务困境雪上加霜。每个人都有信息盲点，市场可能永远不会按照自己理想的剧本发展，过度自信借钱炒股实在是投资大忌。

个人投资者应该严格遵守不借钱买股票的原则。借钱是门学问，借钱用于利息较高的稳当投资，就好比开着跑得较快的车，也是加速财富累积的方法；借钱用于投机，进行短线炒股，这样的冒险一搏，就好比拆掉刹车后开快车，是非常危险的；不借钱的情况下，你大可以看准机会，投机短炒，就好比将油门踩到底，在经过计算的风险中，加速财富的累积；而被迫砍仓的时候，往往是砍在最糟糕的价位点和时间点，心理上最为煎熬。

散户投资者一定要谨慎使用杠杆，如果使用不当甚至滥用，很有可能受到沉重的打击。例如，一位投资者在股市牛气冲天时赚了不少钱，由于财迷心窍，把运气误认为是技能，不但决定辞职专做股票，更是不惜大量举债。刚开始时，每月所赚的钱远远超过其工作时的薪水。可是好景不长，一次突如其来的股市大崩盘，不但让他输光了自己的本金，还欠下一大笔钱，后来只好回去好好工作，过了许久才将负债还清。类似这样的故事你一定听过。

一般散户最好不要使用杠杆，如果愿意承担风险，可以配置更多高风险的资产，如股票、避险基金、私募股权基金等。杠杆的风险过高，而且代价往往更加高昂。然而，如果拥有不会断链的资金来源，那么，使用恰到好处的杠杆，投资高度分散的投资组合，搭配上高度安全的资产，也有可能提高对抗风险的能力，改善投资的绩效。

找到适合自己的投资手法

投资的手法因人而异。有的人耐不住性子，喜欢短线炒作，善于挑选具有“爆发力”的投资标的；有的人喜欢长期持有，善于挑选具有“续航力”的投资标的；有的人喜欢简单易懂，有的人只想要安安稳稳地收取股息……每一种投资进出的“节奏感”不一样，需要关注的层面也不太一样。总之，青菜萝卜，各有所好，无须勉强。投资的世界里，没有统一的标准项目和标准手法，各种方式都有可能取得成功。我们需要找到自己的节奏感，认清自己的性格与能力，冷静地判断外在的客观环境，找到适合自己的投资项目和手法。

世界著名的投资专家，譬如巴菲特和索罗斯，投资策略截然不同，但都非常成功。巴菲特非常重视长期持有，例如在其投资组合中，占最大比率的可口可乐已持有超过几十年。索罗斯则因炒作英镑，迫使英国中央银行放弃捍卫英镑币值而名噪一时。在东南亚金融危机中，索罗斯更是被马来西亚总理指为炒作马币的祸首。索罗斯的成功在于“准且快”，巴菲特则说自己最喜欢的投资期限是“永远”。

由于一般人无法像索罗斯一样洞烛先机，也未必能够熟练地运用他所使用的炒作工具，因此其策略并非普通投资者所能仿效。但巴菲特长期持有的策略则人人可学，他投资时，第一个考虑的是“不要失去你的资金”，选股的原理非常简单：买自己熟悉的行业；买管理良好可以信任的公司；买业务单纯，产品为生活必需品的公司；没有投资机会时，宁可保留现金，也绝对不乱投资。

巴菲特认为，以合理的价格买好公司的股票，比用便宜的价格买普通公司股票更好；选股的原则不会因时代变迁而有所改变，唯一改变的是利息因素。他比喻一个人一生中只有 20 次买股票的机会，买了一次就少了一次。在此限制之下，你每次的投资都会精挑细选，并且对每次购入的股票，都有十足的信心在 3 年之内，不去看股价的变化。如此一来，就不必每天为股价的变动而烦恼。

一般人即使买电视机，都会多逛几家店，在比较质量和价格之后，才会做出决定，即“货比三家不吃亏”。可惜的是，很多投资者宁可不做任何研究，只凭道听途说，就随随便便地购买比电视机高出几十倍价值的股票，着实令人费解。假如你想去除因短炒而起的烦恼，就从现在开始购买优质的股票，别在意 3 天或者 3 个月内的价格波动，等 3 年后再回来看其股价。

巴菲特认为，在投资界比他聪明的大有人在，他所做的决定并没有不同凡响之处。在五花八门的投资手法中，这无疑是最单纯的一种，最平凡的人也会觉得简单易行。假如巴菲特模式能够让你产生共鸣，那么从现在起，你便可以学习他的投资哲学和投资原则的优点。成为一个成功的投资者,是一条漫长的路,但只要你能坚守原则不走偏路,并且努力学习,最终一定能够收获属于自己的成功。

不要马上捡便宜货

武侠小说中有很多武功高强的人物,在对打当中,接招拆招是司空见惯的事。可是,面对飞来的刀,即使是武林高手想要去接,也得小心翼翼,不敢掉以轻心,一不小心可能就会遍体鳞伤。至于凡夫俗子,更是唯恐避之不及。

在股票市场中有句名言,“不要乱接急速下坠中的刀”。这句话的意思是说,当整个股市或个别股票大幅下跌的时候,不要抢着去接便宜货。贸然捡便宜货就像去接掉落下来的刀一样,是一种非常危险的投资行为。道理非常简单:掉落下来的飞刀,我们不知道其落下的速度,也不知道其杀伤力有多大;同样地,大幅下跌的股票,我们不知道其谷底在哪里。所谓的便宜,只是一个相对的概念。

校正分散不足

分散投资是个人投资者容易做到的一个技巧。例如,以赚取利息为主的投资者,可以通过分散发行者、分散到期期间、分散信用等级等方式,尽量避开坏的投资决定;以房地产为主要资产的投资者,可以通过分散楼盘类型、分散楼盘所在地区、分散租金到账日期、分散承租人类型等方式，避免风险过度集中。再比如，购买基金也并不总是一些人认为的低风险投资。想靠基金赚钱，需要认识并学会分散基金的风险。除非购买指数基金（Exchange Traded Fund，ETF），或者其他相当分散的股债平衡基金，否则都要进行适度地分散，特别是股票型基金。

第 25 讲
投资者咨询 4.0：进阶的投资心法

“一种米养百样人”。股市消息众多，投资者的行为很难预测，特别是一些突如其来的事件，让人感觉“震撼十足”。面对这种情况，投资者常常会有不理性的反应，可能是反应过度，也可能是反应不足。在一些极端事件中，我们常常可以发现这两者的身影。以传染病疫情为例，人们往往在疫情暴发前反应不足，在疫情发生后反应过度。2020 年新冠肺炎疫情暴发前，许多国家低估了疫情可能产生的影响；而在疫情暴发后，多国金融市场剧烈震荡，美国股市甚至发生了多次熔断。许多投资者坚信医药公司可以在疫情中获利，便抢购医药公司的股票，未曾思考疫情的实际情况，以及药物和疫苗的研发难度等因素，出现明显的过度反应[1]。

[1] 刘玉珍，王陈豪. 行为视角下的疫情分析：成因、影响与对策综述[J]. 金融研究，2020(6)：1－19.

花开堪折直须折，莫待无花空折枝

股价下跌，事出必有因。在股票市场上，一定有不少投资者因未能及时止损亏了钱。投资者像农夫一样，投资资质优良的股票，采取长期持有的策略，静待收成，不必理会股价的起起伏伏。可是，当投资者像个猎人一样，投资转机股或投机股时，一定要做到及时卖出，不需要与它天长地久。

通常在股票市场上，尤其是监督管理不甚严格的新兴市场中，很多内幕消息可能早就泄漏给了一些知情人士，只是一般的投资者后知后觉而已。虽然市场不见得能够有效率地反映各种信息，但莫名其妙地连续大幅下跌数天，一定事出有因，不可不防。如果是基本面出问题的话，应该头也不回地远离这个公司，甚至“壮士断腕”般地减仓。就算发生所谓的“死猫跳”（Dead Cat Bounce），那也只是一时的回光返照，不值得追逐，也不能指望它回复先前的价位，弥补损失。

巴菲特在投资美国运通（American Express）和通用动力（General Dynamics）的时候，都是等待这两家公司皆被证实“最坏的时刻”已过，才选择进场，从而降低像“落刀”这种具有杀伤力的风险。虽然买入的价格比低点高出50%，但事后证明，巴菲特的等待是对的，好的公司仍然会带来长期的回报。学会等到刀落地后再去捡，这时的购买成本未必是最低的，但至少不会承担太多的风险。

如何判断某个时间点是不是好机会呢？投资者应该密切留意公

司的相关信息，仔细判断下跌的原因，以及大盘整体环境的影响。如果大盘仍然平稳向上，个股也才开始启动上行，那么，很有可能个股的“基本面”没有问题，只是受到了“消息面”的干扰，出现急性下杀。这有可能是有人特意放出的消息，以便甩掉一些持股信心不足的投资者，好让自己入场后的收益更大。等待消息落地的时间不会太长，可能只需要一周左右。

如果个股已经经历了一段疯狂涨势，下行的调整幅度就会较大，可能是“筹码面”的结构性换手重整。此时，等待消息落地需要沉得住气，可能会持续较长一段时间。有些心急的投资者，只能忍受几个小时的等待，往往会蒙受极大的损失。周转率高的交易者，除非极度自律，否则长期难以获得成功。至于等待时间，根据不同市场的结构和事件的性质会有所不同。

现金为王

在股票市场上，好的机会虽然不是每天都会出现，但是一年之中总会有几次。尤其管理良好、家喻户晓的股票，受短期不利消息的影响，遭遇投资者盲目地、恐慌性地抛售而引起股价大跌时，往往是有胆识、有耐心的投资者进场的良机。假如这个时候，投资者没有多余的现金，纵然大好机会降临，也只能眼睁睁地看着它无情地溜走。

就像 2001 年，美国发生“9 · 11”恐怖袭击事件。当时市场预计中国成为恐怖袭击的目标的概率低，所以 A 股虽然也受到了冲击，但是影响有限。9 月 12 日,A 股以 1 822.13 点开盘,比上一日收盘时的 1 863.78 点低开了 2.23%,然后震荡走高,当天收于 1 852.60 点,较上一日收盘时的 1 863.78 点微跌了 0.6%。不过,早在“9·11”之前的 2001 年 7 月 30 日,A 股市场就拉开了长达 5 年的熊市的序幕。此后一蹶不振,A 股加权股价指数一路滑至 1 000 点附近,市场上弥漫着一片悲观的气氛。之后,在相关政策的积极作用下,局势逐渐明朗,股价大幅上扬。2005 年 6 月之后,A 股股价再次出现较大幅度的回升,在之后的两年半内涨幅高达 513%。

在投资学上,我们称“现金为王”(Cash is the king)。投资者随时保有一些现金,就像是战场上随时备有干火药,良机来临时随时可以出击。在“利空出尽”之时,只要手头有多余现金,便可稍微放大胆量拨出一部分钱,寻找机会在股市的低点进场,占得先机。2000 年美国网络泡沫破裂后,许多互联网公司纷纷倒闭,最终挺过危机的,都是能站稳脚步、体质不错的公司。在泡沫破灭之后,有现金能够进场布局的投资者,就得到了丰盛的收获。这种投资策略,往往可以带来意想不到的回报。相关实证研究也显示,这种策略的风险要比“追高杀低”小。

在投资的实际操作领域中,现金持仓比例时有争议,这是因为在市场处于低利率状态的时候,现金不能产生任何回报。持有太多的现金,会拖累整体投资的回报率,著名对冲基金桥水基金的创办人雷达利(Ray Dalio),便持有这样的观点。即使有这样的争议,也不影响现金的重要性。机构投资者,尤其是对冲基金,在发掘新的投资机会时,相对容易取得资金。但是,对个人投资者而言,随时保留部分现金,让自己保有弹性,才能适度地把握一些投资机会。

股价没有记忆力

许多人买股票前,都会先看股价的历史。我们不可否认历史的价值,但是以历史来判断未来,就好比“以貌取人”,这类行为偏误属于锚定效应。事实也证明,股价不但没有记忆力,而且也没有眼睛。

因此,投资者在做投资决定时,只能按照现有的信息,判断股票价格是偏低还是偏高,而不应关注过去的股价。例如,X 股份目前的股价是 34 元。你应该认真判断,这样的股价是便宜还是贵？如果你认为,就目前的总体经济形势与公司状况来说,几十元的股价非常便宜,就应该放手一搏,进场买入。但是,假如你认为经济景气与公司前景,都不足以支撑其股价,纵使你从未见过 X 股份的股价低于 34 元,也不能让过去的高价影响你卖出的决心。

事实上,很多人买股票往往受到过去买入价格的影响,尤其是当股价在短期内有不错的升幅时。投资者因为觉得当前的价格,与过去的股价相比已经很高,就会错过进场买入的最佳时机。所以,如果买进某只股票后,股价慢慢地上升,正好证明市场同意你的看法,此时可能正是补仓的最佳时机。相反地,如果买进某只股票后,其股价一直往下跌,这可能证明市场与你的看法背道而驰,或许是该考虑壮士断臂了。

总之,股价是没有记忆的,投资股票最好摒弃与历史股价相比较,来评估股票价值高低的习惯。最好依据当时的经济、产业和公司前景,以及市场的状况和反应,来评估这只股票的价格。一旦觉得股价偏离了自己判断的价位,就应该考虑进场或离场。

技术分析与买卖时机

股票投资最常用的方法是基本分析与技术分析,究竟哪种方法有用? 实务上常常以基本分析为选股依据,而以技术分析来决定买卖时机。技术分析家认为,投资者可以利用股价的历史轨迹,预测未来的股价走势。在这种情况下,投资者不必关心公司的财务信息,只要有能力分析过去股价的形态,便能分析何时该买进或卖出。于是,许多技术分析的指标,都是通过价量分析来建议买卖时机的。

技术分析家相信,股市见底后反弹时,才是买进的时机。例如,从 2001 年开始,A 股处于熊市阶段,上证加权指数一波比一波低。此时,股价虽然便宜,但在未见底前绝对不能贸然买进,必须耐心等待。上证加权指数在 1 000 点见底后,大力反弹至 1 500 点以上,才值得买进。所以在技术分析下,正确的决策是:确定 1 000 点是真正的低点,等待反弹 400—500 点后买进,以确定反弹强而有力。股价见顶后大幅下滑的时刻,则是最佳的卖出时机。何谓股价见顶,十个专家有十种不同的意见。不过“高处不胜寒”,股价难以长期稳定在高位却似乎成了共识。诚然,股价涨到一定幅度后反转直下时迅速卖出，才不会产生没卖到好价钱的遗憾。例如，2007 年的股价高点是 5 550 点，等到滑落 400—500 点后，即 5 000 点左右时，就是卖出的时机。

技术分析的原则非常容易理解，但是运用时却莫衷一是。因为真正的困难在于，当我们分析过去的价量走势时，似乎感觉都非常合理，基本可以反映过去市场参与者的心理和行为。但是，在以技术分析预测未来的买卖时点时，容易因为个人投资经验的不同而见仁见智。

技术指标有时也会钝化失真，市场人士用多了，往往就失效了。单一的某个指标难以反映市场的全貌，需要同时参考多个指标，不要过度依赖特定的某一种指标，以免犯下大错。采用技术分析赚取差价，不要计较小的利益，否则赚了差价，却赔了交易佣金，就是典型的捡了芝麻，丢了西瓜，除非极少数富有实战经验、交易资源丰富且高度自律的投资高手，不然就是高频交易或程序交易，能够靠炒短线赚钱。要小心的是，当转折点到来时，炒短线赚差价的手法或程序交易很容易失灵。

眼光独到，决策果断

股市本来就会起起伏伏，然而投资者进场后，常常会因买贵了或卖便宜了而后悔不已，这样患得患失的日子实在不好过。其实，除了基本面之外，市场上一些看似微不足道的消息，或是政策上的利空，也可能使多头行情一夕生变,令人难以捉摸。事实上,假如你一直看好某一家公司,即使其股价已从谷底反弹了百分之十几,还是值得投资。过分地斤斤计较,反而会错失获利的良机。再好的投资眼光,也需要果断的买卖决策配合,才能取得最后的成功。

市场是观察群众心理的橱窗

遇到利空时,股价跌过了坏消息所应反映的合理跌幅,将产生所谓的超跌现象;传出利好时,投资者的过度乐观,也会使得股价产生超涨的现象。通常来说,容易引人注意的信息,包括极端的、与先前信念相悖的事件,被大量报道的热点消息,以及人云亦云的谣言等,都很容易引起投资者的过度反应。反应不足的行为,则容易发生在以抽象、数字化的形式表达的信息中,例如公司盈余公告、公开市场回购、经纪商推荐股票报告等。市场传出这类消息时,许多投资者无法完全消化,或者不确定该如何解读,就有可能发生反应不足的现象。有的时候多条消息接二连三地到来,面对刺激,投资者甚至可能会变得麻痹。可见,市场不只是观察经济的橱窗,也是观察投资群体心理的橱窗。

一旦股价超涨超跌过头后,市场中自然会有一股均衡的力量,促使股价反向修正,形成反弹或回跌的契机。超涨超跌的例子,在以散户为主的 A 股市场中俯拾皆是。例如,央行宣布调降存款准备金率的消息之后,股市行情大幅上涨。然而,在这一重大利多宣布之后的几天内股价并不会马上趋向平稳，通常在后续几天中，股价持续出现回调，以消化之前的过度上涨。

超涨超跌会带来股价的反转，聪明的投资者可以抓住这个机会，进场操作。如果股市有利好消息传出，在市场过度反应的情况下，股价将会出现连涨，此时投资者可以出脱手上的持仓，等到股价修正后再回补；如果市场上有重大利空事件，一般投资者可能因恐慌而竞相抛售持股，此时最好的策略是买入超跌的绩优股，等待股价反转、回归正常水平时即可获利。

虽然超涨超跌是获利的好机会，但是事实上，身在其中的投资者很难准确判断。从股市对好消息和坏消息做出反应的历史经验来看，负面事件，特别是自然灾害，很容易让投资者过度反应或反应不足。这样的机会，往往留给了喜欢钻研的价值型投资者，他们能够更加敏锐地捕捉到市场情绪，判断标的股票的业绩与价格是否相符，一旦市场进入了超涨超跌的区间，便可以出手获利。

第26讲
具有中国特色的投资者咨询

十年树木，百年树人。投资者咨询工作必须从源头抓起，不仅要储备面向大众的基本金融知识，也要深入理解行为偏误，打好修正投资者行为偏误的工作根基，从而对投资者产生潜移默化的影响。从中国特有的市场状况出发，在传统理财教育工作的基础上，加入行为金融视角，甚至融入金融科技手段，能够打造具有中国特色的投资者咨询服务，从而提升投资者的福祉，推动财富管理行业走向健全发展的康庄大道，建构共赢共荣的产业生态。

以人为本，提供个性化咨询方案

由于个体的资源禀赋、金融素养乃至行为特征都具有明显的异质性，所表现出的行为偏误的种类和程度，也因此具有很大的差异。仅仅开展千篇一律的同质化教育项目，无法确保每个人都能够因此改变投资行为，克服行为偏误，进而从教育活动中获益。因而，投资者咨询方案的设计，应当遵循客户个性化定制的原则，提升投资者咨询的品质。研究发现，投资者表现出的各类行为偏误，普遍与投资者的认知能力、金融素养乃至性别等人口特征紧密相关。

因此，建议基于投资者交易与金融大数据的分析结果，针对具有不同行为偏误特征、人生发展阶段、财富水平、金融素养的投资者，制定在线教育、投资咨询等不同类型的教育方案。针对不同投资群体开展相应的教育项目，不拘泥于一种固定的模式，根据市场要求、投资者成熟度和可供使用的资源情况，采取不同的方法，相应的教育方式和侧重点也可以有所不同。

巧用经验法则，强化场景互动

投资者咨询课程的设计必须具有启发性、实践性，对于金融素养程度不高的个人投资者而言更是如此。这是因为个体往往依据经验法则，习惯对不确定环境下的决策问题进行简化，做出决策时，往往依据个人的主观经验。因此，依据经验法则设计的课程更受欢迎。

规范导向型的课程主要是指传统的培训课程，主要以介绍金融投资概念和方法为主；而依据经验法则设计的课程，则将概念融入具体的操作流程中，相对更简单。金融教育领域的研究表明，相比于规范导向型的传统课程，采用经验法则设计的金融教育课程，在改善投资者的金融行为方面效果更好，并且改善效果在受教育程度较低、金融素养较低的个体中更为显著[1]。

因此，投资者咨询课程的设计，应当根植于经验法则，降低投资者的接受阈值，同时扩大投资者咨询的影响范围。金融机构可以将投资者咨询活动嵌入交易的各个场景中，通过用户分类和服务分层，从精准画像，到核心场景识别，再到匹配相应的教育内容与渠道，建立起金融机构与客户之间的信任关系，实现投资者与金融机构双赢的长远目的。

---

[1] DREXLER A, FISCHER G, SCHOAR A. Keeping it simple: Financial literacy and rules of thumb[J]. American economic journal: Applied economics, 2014, 6(2): 1-31.

让信息“动起来”,采用视频、互动等形式实施在线教育

信息越复杂,投资者接受的难度越大,对呈现方式的要求也就越高。交互性的可视化工具、视频等,是呈现复杂金融概念的重要工具,在提高投资者金融素养,改善消费者金融行为方面,具有更好的效果。研究表明,视频和交互性的可视化工具,有效地提升了受教育者的金融知识水平和金融自信水平,相比于叙事性文字,视频能够显著地提高受教育者的金融知识评分[1]。

目前,我国在投资者咨询工作中,已经逐步采用了视频呈现方式,但是“换汤不换药”,仍然以单方向地介绍金融知识、金融概念的课程培训为主,互动有限,无法向投资者直观地展示行为偏误对投资绩效的影响,以及矫正行为偏误后带来的业绩提升效果。

我们建议,在具体实施投资者教育方案时,应避免单一枯燥的说教,让信息“动起来”,通过视频介绍、游戏参与、人际互动等形式,提高投资者咨询效果。游戏以及视频的动态展示,可以更加直观地向投资者展示其个人行为偏误的程度,以及行为偏误对其投资业绩的负面影响。投资教育提供方应当以更具趣味性、更贴近生活经验的方式,呈现教育信息,增进与投资者的互动。

---

[1] LUSARDI A, SAMEK A, KAPTEYN A, et al. Visual tools and narratives: New ways to improve financial literacy[J]. Journal of pension economics and finance, 2017, 16(3): 297-323.

研制“定心丸”，建立投资者咨询的评估体系与原则

产品需要通过质量检验，才能让消费者安心，投资者咨询也有评估其成败的方式。纠正投资者的行为偏误，可以降低交易中的损失，体现了投资者咨询的核心价值。除了有效的咨询内容，投资者咨询的成效还取决于多元化的渠道，以及持续性的评估考核。

评估投资者咨询的效果时，相关机构或从业者应当运用随机试验的思路开展调查统计，科学地选择样本，划分不同的研究对象；也可以设计实验，根据特定的金融教育方案或短期项目，选择不同的对照组，进行试点性的效果评估；还要对同一群体接受教育前后，以及不同群体的金融消费行为进行跟踪分析，综合判断金融教育在消费者决策中所发挥的作用。与此同时，监管部门也可以考虑将改善投资者行为偏误，纳入券商分类评级的考核体系中，充分发挥金融机构在以行为金融为导向的投资者咨询体系中的作用，激励金融机构借助多种科学方法，精确评估投资者的行为偏误。

做好“扫雷仪”，开设以行为金融为基础的投资者咨询课程

行为金融学的研究结果表明，诸如过度交易、处置效应等行为偏误指标，与投资者业绩指标，具有显著的负相关关系。行为偏误越严重的投资者，其投资业绩更差。因此，纠正各类行为偏误，是投资者

咨询的重要组成部分。测算结果显示,纠正行为偏误可以提高投资者净收益率 1.5 个百分点,占全部价值的 50%[1]。相关实证研究检验了降低交易频率对改进投资业绩的影响,发现当投资者将交易频率降低为“季度调仓”“半年度调仓”和“年度调仓”之后,投资业绩分别提高了 4.63%、5.01%和 5.03%[2]。

因此,除了介绍证券投资知识以及法律法规外,投资者咨询更应当以行为金融理论为导向,把降低行为偏误作为重要目标,向投资者充分展示各类行为偏误对其投资业绩的负面影响,以及减少行为偏误后的业绩提升效果。同时,作为直接与投资者进行接触的一环,金融机构积累了大量投资者的个人信息、交易信息等数据,具有信息优势。因此,在投资者咨询中,应该注重发挥出金融机构的重要作用。

搭乘金融科技“快车”,建立投资者咨询长效机制

改善投资者咨询的评估效果,是建立投资者教育长效机制的重点。在金融科技与互联网的迅速发展下,支持投资者咨询评估的崭新技术不断地涌现。金融科技可以从以下两个方面为投资者咨询提供支持:

首先,投资者咨询效果的评估,需要建立在精确度量投资者行为

---

[1] KINNIRY F M., JACONETTI C M., DIJOSEPH M A., et al. Putting a value on your value: Quantifying vanguard advisor's alpha[J]. The vanguard group, 2014.

[2] 刘玉珍.加强以行为金融为导向的投资者教育.工作论文.

偏误的基础之上。现有的学术研究和监管干预政策，大多是通过问卷调查、问题测试等方式完成的。但是，这些方式存在着很大局限：问卷问题通常较为简单，对于个体复杂决策过程中存在的行为偏误，刻画得不够充分；被访问者的回答，并非是在真实或模拟交易的环境下完成的，对于投资者行为偏误的刻画，可能存在偏差。

而金融科技和互联网的发展，可以很好地克服这些不足。例如，行为实验可以相对真实地模拟投资或决策环境，进而对个体的行为特征、风险偏好程度做出判断；而基于金融大数据分析得出的结果，可以精确地评估投资者各类行为偏误的严重程度，以及对其业绩的影响大小等。

提高“嗅觉”，选择合适的投资者咨询时机

进行投资者教育，首先要了解投资者情绪。当投资者情绪低迷，对股市或其他市场持消极态度时，或许正是进入市场的好时候。而当投资者情绪高昂时，需要判断这样的高涨情绪能否持续。

至此，本书带领读者探讨了许多行为金融领域的行为偏误与校正方法，希望能够启发读者，自觉做出改变。

拓展

资产配置模式（Portfolio Approach）投资战略

如果你一直用同样的方法做同样的事，例如，总是追逐

大牛股、特别钟情低价的危机股、永远只根据特定的一两种指标决定进出场……那么，应该总是会得到同样的结果。很多时候，人的情感是战胜理智的，而且通常不自觉。大部分人，尚未具备足够的投资经验与知识的时候，没有办法看对和做对，那么，资产配置模式可以先助其立于不败之地。

资产配置模式根据经济发展的大略方向，将资金有规律地配置在利息类、股权类、现金类、其他类资产（例如黄金）等风险等级不同的产品上，有些作为长期持仓的核心组合，有些作为周期性中短期持仓的卫星组合，避免过度集中风险，定期审视并且重新调整。这样简简单单的做法，可以克服许多行为偏误。

万丈高楼平地起。从小规模开始尝试，遵守纪律、保持耐心、保持风险意识、让自己留在战场上，保持这样健康的投资心态，一定会发现许多机会，可进一步琢磨投资哲学与战略。幸福理财也就不远了！

推动财富管理业务，发挥理财顾问价值

在许多国家，财富管理的服务模式已经成熟，相关的业务链条和业务流程已经完善。但金融科技的出现，打破了这一稳定局面，为理财服务提供了革命性变化的契机。充分发挥金融科技的作用，能让

更多投资者享受到个性化的理财咨询服务，以及形式多样的投资者教育，从而提升投资者的金融素养，增加居民的物质财富，提高生活幸福感。

深化投资者行为研究，提供个性化解决方案

深入分析投资者交易行为是觉察投资行为偏误、提供个性化解决方案的基础。已有较多研究从投资者交易数据出发，对散户投资行为开展了分析。除本文前述研究外，学者还利用问卷调查结果和德国某券商 1995—2000 年的交易记录，研究分析了导致购买和持有多样化投资组合失败的原因[1]。他们发现，从问卷调查中收集的投资者特征，确实有助于解释实际投资组合和交易选择的变化。其中，投资者自我评估的风险规避偏好，是投资组合多元化程度和换手率最重要的决定因素。在其他条件相同的情况下，具有较高风险承受能力的投资者，通常持有较少的多元化投资组合，而且交易更为积极。此外，经验不足的投资者，往往难以持有多元化的投资组合。而自我评估的金融知识水平，对投资组合选择的影响并不明确。认为自己金融知识丰富的投资者，确实拥有更好的多元化投资组合，但这些投资者也拥有更高的换手率，频繁地变动自己的投资组合。

---

[1] DORN D, HUBERMAN G. Talk and action: What individual investors say and what they do[J]. Review of finance, 2005, 9(4): 437-481.

拓展

常见的投资策略分类：α 与 β

α 刻画了非系统性风险，β 刻画了系统性风险。α 是一个相对概念，即某个投资收益相对于无风险收益的比较。α=0，表明投资收益和无风险收益相同；α>0，表明存在超额收益。所谓的 α 投资（阿尔发投资），就是通过选股、选行业，来获取超额收益。

β 指的是与市场走势的相关度，即某个投资标的和全市场（或者选定的参照指标）的相关程度。β=1，表示完全相关。所谓的 β 投资（贝他投资），就是指通过配置投资组合中各资产占比，调节 β 系数的被动投资模式。例如，沪深 300 指数基金非常接近市场收益，完全被动操作，β 应该近似等于 1。指数基金投资不侧重选股，而侧重追踪误差，在下跌行情下跌幅较小。市场上有些基金采取指数增强型方式，通过 α 与 β 的结合选择，来提高投资的价值。

此外，经济学家结合账户交易数据和问卷调查两种方法，综合分析了技术分析对投资组合表现的影响。学者利用 2000—2006 年荷兰某交易所的交易数据，发放了 5 500 份有效问卷，发现使用技术分析并频繁交易的个人投资者，经常做出较差的投资组合决策，导致自己的收益率大大低于其他投资者。具体而言，使用技术分析的个人投资者，更加关注短期的股票市场反应，并以此为目标进行投资操作。他们的投资组合也因此会更加集中，交易换手率更高。此外，数据还表明，这类投资者较少认为股价会出现反转，喜欢追涨。他们的投资组合，往往具有更高的非系统风险与总风险敞口[1]。

[1] HOFFMANN A O. I., SHEFRIN H. Technical analysis and individual investors [J]. Journal of economic behavior and organization, 2014, 107: 487 - 511.

金融科技篇

第 5 章 | 金融科技与幸福理财

金融界有一个热词——Fintech，由金融“Finance”与科技“Technology”两个词合成，意为金融科技。金融科技旨在以科技驱动金融创新，进而提升金融服务效率和金融服务质量。回顾金融业的科技发展史，我们常常会感觉这是一个古老又传统的行业——从银行柜台存款到现金支付，似乎从未发生过改变。曾有人开玩笑说，拥有数百年历史的金融业，最大的科技创新，不过只是 20 世纪 70 年代发明的提款机（ATM）。然而今天，我们对于大数据、区块链、云计算、人工智能、深度学习等技术在金融业的应用，已经并不陌生。

例如，大数据分析和面部识别技术的运用，使得我们可以将地球上所有人的面容，通过匀称度、黄金比例等指标进行科学量化，得出一个人的面部特征信息，用于识别个人身份、预测个人行为特征与情绪反应。目前，我国的金融科技水平已经处于国际前沿，金融科技的相关技术，已经运用在了征信系统、风险控制和平台管理等多个方面。以往需要人们去实体营业厅办理的信贷、理财等业务，逐渐转移到了线上。移动支付更是大大改变了人们的生活方式，使得存款与支付在手机上弹指之间即可完成。有人说，在中国如果手机丢了，可能没有办法打车，甚至没有办法吃饭。

金融科技不只是科技本身带来的破坏式创新，更重要的是，科技改变了我们的决策模式和投资行为，让我们的资产形态发生了革命性的变化。例如，机器学习算法跟认知科技的结合，让金融业得以实现更多层面的人机交互，更好地理解人的心理特征；数字金融和社群分析，让金融业有了更多跨界合作的可能性，跟商业活动产生了更多奇妙的结合。

例如德国菲多尔银行（Fidor Bank），基于互联网打造了全新的客户服务模式，客户可以在银行打造的“社区”中畅所欲言，并与银行对话，共同打造客户心目中的理想银行。此外，银行还会通过主流社交软件与客户对话，点赞数较高的客户，还可以获得存贷款优惠（当然，一些过度迎合投资者的行为，也可能为银行资产安全埋下隐患，甚至增加系统性风险，这是值得思考的）。

在行为金融领域，面对不断涌现的新技术、新手段，人们最为关心的是，大数据分析对于人类决策行为的研究，在金融机构中可以产生哪些有价值的应用。目前金融科技发展的重点，主要在预测能力计算、量化交易和风险交易行为分析，以及辅助理财顾问等方面。科技的运用使得金融决策更加科学化、精细化和人性化；大数据分析可以将个性化服务推向大众，进而推进产品的多元化；“量身定做”的资产配置，可以更好地匹配需求跟供给；“因材施教”的理财咨询模式，则可以综合理解投资者的金融素养、行为模式及偏误。在未来,科技的优势将会得到更加充分的发挥,监管机构也将迈进金融科技的时代[1]。

第27讲
数字经济下的财富管理

中国的财富管理市场经历了许多风风雨雨,究竟是理财顾问专业度不足,误导投资者,还是财富管理机构管理不善,在理财产品的销售流程中出差错?抑或是投资者自身的知识与技能不足?有没有办法克服人为缺陷的影响?回答这些问题之前,我们先来看一个改编于真实故事的案例。

案例

金融委托理财合同纠纷案[2]

王女士在2015年A股最高点时,斥资96.6万元在银行购买了一款股票型基金。随着A股顶峰的滑落,王女士

[1] 彭博. 北大光华管理学院教授刘玉珍: Fintech的下一个十年[N]. 商业周刊中文版,2019-12-13.

[2] 蔡情. 客户97万买前海开源基金亏掉58万建行不当推介判赔[EB/OL]. (2019-08-23) [2021-05-01]. http://finance.ce.cn/bank12/scroll/201908/23/t20190823_32992284.shtml.

购买的基金在赎回时亏损金额高达57.6万元。不同于普通居民，王女士长期从事金融法律的相关工作，具有较强的法律维权意识，没有默默承受损失，而是将银行支行直接告上了法庭。2019年8月，其代销银行被判赔偿王女士的所有损失，并支付相应的利息。

根据一审判决文书，王女士自2010年以来，一直通过该银行购买其代销的理财产品。由于收入不高，且风险承受能力较低，王女士始终明确表示自己只要该支行发行的保本型理财产品。2015年上半年，中国A股市场指数大幅上涨，股权投资形势大好，2015年6月，该银行理财经理主动向王女士推销了一款股权投资型产品。王女士称，自己出于长期以来对该银行的信任，按照理财经理的推荐购买了这款产品。在整个过程中，理财经理及其他工作人员从未明确提及该产品是第三方发行的股票型基金，也没有对王女士进行相关的风险评估测试，没有签订合同。

直至2016年初，王女士有资金需求，需要赎回这款产品时，理财经理才告知已经亏损30多万元。王女士这才知道，自己购买了第三方发行的高风险股票型理财产品。王女士希望赎回基金止损，但是银行希望王女士继续持有，以期未来回本。最后，王女士于2018年3月，赎回了该理财产品，赎回时已亏损超过57万元。

王女士将银行告上法庭，要求赔偿全部损失并支付相应的利息。该银行支行认为，银行作为代销机构，与王女士之间不存在委托关系。王女士自行申购、持有和赎回该基金，银行不应对损失负责。

传统理财模式的困境

在传统理财服务中，全面地实现个性化服务，让更多人享受到定制化的理财服务，是非常困难的。随着投资的复杂程度日益增加，理财顾问需要掌握的专业知识也在不断增多，学习和实践时间逐渐增长。此外，每一个客户都是独特的，具有不同的人口学特征、资产状况和性格，这些特点随着时间和市场环境的变动也会发生变化。这要求理财顾问投入大量的时间精力，了解客户各个维度的信息，然后根据自身的经验判断，制定因人而异、恰合时宜的理财方案。一直以来，高度的个性化要求和繁复的制定流程，导致服务质量难以控制，个性化的服务成本高昂，难以普及。

因此，在传统理财服务中，多数投资者只是在顾问提供的几种理财产品中做选择，糊里糊涂地接受投资建议。这很有可能导致投资者购买与自身需求不符，或者自己也不明白的理财产品，最终获得不尽如人意的投资结果。对上文描述的这个纠纷，法院最终的判决分析如下：

案例[1]

金融委托理财合同纠纷案一审判决银行赔偿王女士所有损失，并支付相应的利息。该银行提起上诉，二审法院维持原判，该银行仍然不服，最高人民法院最终驳回再审申请，维持原判。

本案的判决文书部分内容如下，非常值得广大“基民”和相关从业人员学习和深思：

一、王女士的风险承受能力评估与银行的推介义务

银行对王女士进行了常见的风险评估问卷调查，在“以下哪项最符合您的投资经验”“以下哪项最符合您的投资态度”“您的投资出现何种程度的波动时，您会明显焦虑”等问题中，王女士回答“大部分投资于存款、国债等，较少投资于股票基金等风险产品”，“保守投资，不希望本金损失，愿意承担一定幅度的收益波动”，“资产稳健增长”，“本金10%以内的损失会出现明显焦虑”等内容。据此，银行确定王女士为稳健型投资性格，而推荐的基金招募说明书中，载明了“较高风险”，和王女士的风险承受能力不符。该产品明显不适合王女士，该银行没有履行适当的推介义务。

[1] 泰勒.资管圈“炸了”！客户近百万买基金巨亏57万，代销银行被判全赔，还另付利息！销售机构做错了啥？[EB/OL].(2019－08－23)[2021－05－01].https://mp.weixin.qq.com/s/U7tXzwiapYu50-61xLwcaQ.

二、客户金融专业能力判断

在本案中，原告是金融法律从业人士，且长期购买理财产品。银行认为，王女士应当能够认识到该产品的风险等级，为自己的投资负责。但是二审判决认为，投资者具有金融专业知识，不等于有丰富的金融投资经验。

三、代销机构举证责任

银行提出，2017年2月，银保监会银行业消费者投诉处置的结果登记表显示，针对王女士投诉的情况，当地银保监会并未认定该银行存在任何不当行为，也没有做出任何处置。但是法院以上述证据未能体现当地银保监会调查过程，且调查结论不明，证据效力不足为由，没有采纳这一证据。

在这个法律纠纷中，公说公有理、婆说婆有理，双方各执一词。“基民”因损失将代销机构告上法庭的案件是比较少见的，但在市场下行的时候，这样的纠纷并不少见。随着民众金融法律素养的提升，以及金融法律法规的完善，如果理财服务还继续采用当前以产品销售为中心的思路，不关注产品对客户来说是否合适，那么，这类案件将会越来越多。因此，制定财富管理行业和理财顾问销售流程监管规范，约束道德风险与不当行为，使投资者得到良好的财富管理服务，是未来监管工作的重点。

走出困境——智能理财模式

我们将金融科技与传统理财服务的结合，称为智能理财模式。智能理财模式能够发挥大数据分析的优势，并且运用科技手段降低个性化服务的成本，从而为投资者打造出量身定制的理财方案。使用智能理财模式，能否有效避免如前例王女士的遭遇一般的纠纷呢？我们用这样的构想来回顾这个案例。

这宗金融委托理财合同纠纷案，体现了传统理财模式的一些问题，以及采用智能理财模式的优点：

1. 传统模式过度推销高风险、高手续费产品，在推荐与投资者风险承受能力相匹配的产品方面能力不足。智能理财模式通过客户画像、风险承受能力评估等方式，自动完成产品推荐，不易过度推销。

2. 传统的代销渠道，对投资者风险承受能力的认定水平较差，对产品的风险判断能力较弱。智能理财模式将投资者的风险承受能力判断交给系统，将产品风险判断交给产品端，并设置防火墙。系统自动拒绝为低风险的投资者匹配高风险产品，只给出特定的产品选择范围。

3. 传统理财模式仰赖人工理财顾问来判断投资者的知识和经验。理财产品的购买经验，不能代表完全自主的投资能力。采用智能理财模式后，财富管理机构可以掌握投资者的投资行为数据，凭借充足的信息判断投资者的投资能力，据此提供合适的产品，也可以在必要时作为司法判决依据。

4. 财富管理机构是案件的举证责任方。在目前缺乏规范监管的情况下,传统理财模式的销售流程记录往往难以留下。智能理财模式可以自动地留下机构与投资者沟通过程中的一切记录,包括用户状态、用户行为等数据,既可以用于用户服务,也可以作为判决举证的依据。

传统理财服务的困境,正好可以用智能理财模式的优势来化解。应用大数据分析等技术,智能理财对传统理财做出了改进。从 KYC 开始,它可以协调投资者各维度的画像信息,完成适当性分析、投资组合配置、交易执行、风险管理、投资组合调整分析等工作,最后达到 SYC(让客户满意)。它还应用了行为金融学知识,帮助克服投资行为偏误,有效地降低理财顾问与客户间的代理问题,使得服务质量变得更加稳定可靠。

智能投资顾问,是由机器人投资顾问演变而来的一种新型的理财服务模式,采用深度学习技术,能够通过大数据分析和自主学习,跳出人类主观判断及知识经验的限制。智能投资顾问依据投资目的与风险承受能力,能够自动地生成投资建议,突破时空的限制,减少对实体经营场所的需求,可以 24 小时全年无休地提供线上服务,大幅减轻了人类理财顾问的工作量。

智能投资顾问是一个崭新的领域。有人会问:智能投资顾问这么强大,能够打败人类投资者吗?我们认为,智能投资顾问是一个辅助投资的工具,难以真正地取代人类投资者。智能投资顾问发挥自己在数据处理能力方面的优势，提出“智能建议”。但是投资并不仅仅是演算数据，还反映着人们对资产未来价值的判断，其中掺杂着复杂的人性。因此，智能投资顾问即便像人工智能技术的代表作AlphaGo一样，极尽演算之能事，也没有办法从过去所有的信息中，预测到复杂不可知的情境下人类会做出的决策。

科技的创新，使得金融领域发生了翻天覆地的变化。在财富管理行业，很多岗位将会渐渐被人工智能取代。新的岗位需要大量人才，既懂得算法，也懂得生意的数据科学家（Data Scientist），便是未来的热门职业。如何知道一部电视剧会不会走红？从对人性的理解出发，可以解构出一部电视剧走红的元素，包括情节主题、演员阵容、笑点安排，甚至什么时候该给男女主角制造矛盾，什么时候该让主角陷入危机等，数据科学家都可以告诉你答案。

也有人会问：有了智能理财，人类理财顾问会被取代而失业吗？理财顾问行业看似是个管钱的行业，深究其本质，其实是个以人为主的行业（People Business）。工具本身有其应用极限，真正的判断与决策还是在人。因此，即使智能投资顾问深度普及，可以迅速服务具有一般日常理财需求的零售大众（Mass Market）。但是，针对具有高度信任要求的中高端客户群（High End Market），只有人类理财顾问能够提供“有温度”的服务。IBM Watson 就是一个前车之鉴。

作为曾经广受赞誉的“认知计算”的革命性代表，IBM Watson 所谓的“诊断”，是基于海量医学文献和病历，赋予机器阅读和分析能力的，因此无法应对新出现的病症，以及各种症状之间复杂的交互作用。所以,机器成为妙手回春的“神医”的期待落空,人类医生也没有被取代。

第28讲
智能理财模式

数字经济全面发展,许多行业也在积极地进行数字转型,财富管理行业正处在发展的拐点上。传统金融机构的智能化运行与维护,必须尽快全面覆盖业务端、产品端、营运端、风险控制端与战略端。除了传统金融机构,基金投顾、新创公司与科技公司等,也都竞相加入竞争,致使智能理财模式成为行业的“兵家必争之地”。

案例

心理学家出身的黄主任,曾经在一家大型金融机构工作,专注于行为金融视角的投资者咨询工作。此次请来已经退休的专业股民方叔,从使用者的角度,测试公司新开发的智能理财平台。这是一个智能理财实验室,类似一般的营业厅,有一个角落像是交易室,大大小小的屏幕上,国内外金融市场的数据不断地跳动着。

在方叔进来之前,已经通过不到10分钟的互动游戏,提供了年龄、性别、家庭成员、职业、资产与负债、收入与支出等基本信息。黄主任也从投资目标、知识与经验等角度，初步了解方叔：子女都已经济独立，自己无债一身轻。除了一间自住的公寓、一笔退休金作为养老之用，手上还有些“炒股专用”的闲钱。他希望在保证本金安全的基础上，一部分能产生稳定可靠的现金流入，用于生活开支，另一部分能有一些增值。智能理财平台给出了一份初步的资产配置建议方案。

黄主任向方叔解释，从主动提供的信息中可以看出，方叔的退休金需要保本生息，“炒股专用”的闲钱愿意承受较高的风险以追求成长，也有可能需要安排财富传承的计划。因此，这一份健康检查报告似的方案，兼具“守富”与“传富”的初步建议。从保本产品、风险性资产，到保险产品，有不同的配置比例，也详细列出了各种理财产品的条款及风险提示。

方叔惊喜地说：“这么短的时间，已经能给这么多的分析，我还以为智能理财只是在线上买卖、看账单呢。智能理财从整体的观点出发，用配置比例控制风险，还提示了我最在意的信用风险与流动性风险，对接可能适合我的产品。我自己分析这些得花好多时间，还不见得能够做到！

我不依靠理财顾问，是因为平常真有事咨询的时候，经常找不到人，或者是理财顾问经常换人。有的理财顾问感觉很忙，不怎么上心；有的又紧追不舍，要我买一些我不懂的产品。老实说,我觉得他们只想赚我的钱,并不想了解我,也不关心我是不是赚钱。

经历了几次信托产品爆雷事件之后,我宁可选择自己线上交易。可现在信息太多,有时想多听听专业的意见,希望能有更多种类的产品选择及清楚的说明。但是,像这样的个性化而专业中立的服务,会不会要我付费呢?”

中国财富管理行业的困境

案例中的方叔,实实在在地点出了目前财富管理行业的困境:国内理财的需求庞大而迫切,但专业顾问人才数量不足,服务质量一般,而且缺乏外部认证,因此人员周转率非常高。爆雷事件之后,居民对于一些理财机构信任不足。对于理财产品的选择及说明过程,还需要适当的规范与监督。智能理财模式,可以解决理财服务供需失衡的问题,稳住服务质量。

理财机构目前服务方式单一,主要采取以经纪业务为主的佣金导向模式,产生了靠天吃饭的业绩压力,以至于在市场竞争的不断加剧下,获客成本不断增加。一方面,理财机构很难适应客户导向的长期经营模式,不能好好了解客户的真实需求;另一方面,理财机构很难针对性地为客户对接合适的理财产品,以至于陷入短线操作的销售导向的恶性循环。

其实,投资者对自身是有一定认识的,但是描述过于主观。有些理财顾问人生经验有限，单纯依靠直觉，也容易掺杂自己的性格投射。人与人之间，一见如故的毕竟是少数，大部分都需要相处磨合，才能理解对方。俗话说“物以类聚”，财富管理行业也有明显的“人以群分”现象，有什么样的理财顾问，就有什么样的客户。保守稳健的理财顾问，能够吸引一批保守稳健的客户；积极冲刺的理财顾问，也会吸引同样类型的客户。

相较于传统的问卷填写的方式，智能理财模式能够在极短的时间之内，覆盖投资者的生命周期、需求层次、风险控制等多个维度，快速地进行定性描述，达到全面、细致、客观的要求。在智能理财模式中，每个投资者的信息落在大数据知识图谱中的何处，在标准的刻度中一览无遗，用户画像十分客观。

了解用户是一门学问，也是一门大生意，精准的用户画像是提高服务质量的关键。人的信息维度非常复杂，用户画像也有很重的场景因素，不同金融机构对于用户画像有着不同的理解和需求，也有一套适合自己的用户画像方法。智能理财模式具备处理海量数据的技术能力，如果再加上跨界的数据，可以相对容易地扩大客户群，激活沉积客户。

目前，量身定做的理财服务以超高净值、私人银行客户为主。金融科技可以辅助我们更好地理解客户的金融需求，从而进行客户分层。客户分层的好处在于，一些人可能仅仅希望尝试简单、便宜的服务，智能理财的初步服务便可以满足其需求。对于分身乏术的理财顾问而言，客户分层后可以把更多的时间精力，放在需求较为复杂、需要深度服务的客户身上。随着合作的增多,在磨合的过程中,投资者逐渐提供更多、更详细的个人信息,理财顾问便可以持续深化地进行服务。

适当地匹配理财产品,也是智能理财的强项。不同类别的资产各有特点,收益率与风险一般呈现正相关关系。以基金为例,股票型基金风格进取,预期收益高,风险也较大;混合型基金既买债券又买股票,总体风险、收益适中;债券型基金兼具一定收益性和稳健性,风险和收益预期低于前两者;而货币市场基金的流动性和安全性最高,但是收益性低。对于风险承受能力低的客户,智能理财系统只配对投资风险等级低的产品,避免产生过度推销、故意误导的纠纷,能够有效地缓解投资者与财富管理机构之间利益冲突与信息不对称的问题。

同时,财富管理机构也必须推进产品多元化,先找到对的客户层,针对客户的需求开发产品,真正以客户为中心,摆脱过往先开发理财产品,再把高利润产品塞给客户的弊病。理想的方案,是将投资者的风险承受度与资产组合的风险等级匹配起来。

总体而言,目前国内外的智能理财模式仍然处于发展的起步阶段,只是简单地将人工服务流程进行了计算机化。美国、英国和德国的智能理财服务,主要在减少投资者问卷答题时间、提高客户信息搜集效率上做出了改进,并没有很好地利用客户信息,进行行为大数据分析,在生成以客为主的投资建议方面,尚未真正发挥作用。我国的智能理财服务,也存在相似问题。投资者的信息没有被很好应用在投资中，只是将投资者归入几个不同的风险承受类别，对应到十几种甚至几种资产类别上。与“千人千面”的私人定制式财富规划，仍有不小的距离。

未来，智能理财模式还应进一步增加个性化元素，充分考虑客户的个人需求，以及随着客户年龄变化，个人需求可能产生的变化。在“千人千面”的基础上更进一步，用计算机强大的运算能力，做出“一人千面”的动态规划方案，以真正实现“以客户为中心”的顾问作用。

案例

主持这个智能理财项目的黄主任回答说：“这只是一份初步的资产配置建议，智能理财系统还没有真正认识您呢。智能理财模式会设计分层服务，真正上线之后，可以让客户自主选择是否付费，取得更进一步的分析和建议。现在还在测试阶段，当然不会跟您收费了。如果您愿意的话，可以选择继续让系统根据您的实际交易记录，进一步分析您的决策模式。

系统会进行投资性格的特征分析，包括风险厌恶程度、投资自信程度、跟外界交流的方式、接收信息的方式、投资决策的模式、投资的长短期的观点等，挖掘您的投资逻辑，并且会适时地推送投资者咨询内容。系统还会从交易记录中，取得您真正的风险偏好特征，建构您的投资行为画像。在系统捕捉到更多的行为信息之后，就能给出更准确、更及时的量身定制的理财方案。”

同中有不同:性格与投资的联系

积极努力就能保证投资成功吗? 富人的投资成功概率比较高吗? 投资成功不只和投资目标与资产情况有关,更重要的是投资性格和风险偏好,许多人都忽略了这点。性格影响投资风格、产品选择——对相同的市场信息和事件,不同的人会有不同反应,反过来也会影响投资目标的设定。

2008 年,美国心理学家克里夫·梅菲尔德(Cliff Mayfield)等人研究了 198 名受试者,发现人格特质和投资意图之间确有关联:神经质特质高的人,容易紧张焦虑、充满不安全感,会过度排斥短线投资;而外向型特质高的人,会过分热衷短线投资,出现过度交易偏误[1]。

智能理财模式可以构建投资性格测试,将各种性格类型与投资偏误联系起来。在这个联系过程中,还需要考虑性别因素。例如,男性相较于女性投资者而言,更有可能出现过度自信的投资偏误。不同的人投资风险承受能力不同,同一个人也可能在不同的时期、不同的心理状态及其他因素的改变下,具备不同的风险承受能力。传统以人工为主的理财顾问模式,难以将这些点点滴滴的改变,全部有效地记录下来并仔细分析。智能理财模式则可以长时间、详实地记录

[1] MAYFIELD C, PERDUE G, WOOTEN K. Investment management and personality type [J]. Financial services review, 2008, 17(3): 219-236.

每人风险偏好的变化，正确了解客户的风险承受能力。

在理财顾问的实际工作中，有的投资者自称很保守，却有十足的赌徒行为；也有人在进行风险承受能力测试时，表现得十分积极进取，甚至直接选择最高风险等级的评量，要求提供报酬及风险最高的产品。等到市场下行、投资亏损的时候，才告知理财顾问自己金融素养低，完全不懂产品，也不能承受这样的风险。得益于智能理财模式，咨询、交易的交互过程中，这些纠纷很大程度上可以避免。

智能理财模式根据投资者的持股特征，评估投资者行为，定位其投资逻辑。有的投资者偏好高股利股票，有的投资者依据公司的基本面指标进行投资决策；智能理财模式可以适时、主动、精准地推送相关信息，弥补投资技能和投资信息上的不足。这些"因材施教"的投资者咨询，可以节省许多时间与人力。而智能理财模式的投资特点分析，利用交易数据识别投资者的持股偏好和行为特征，分析各种行为偏误的严重程度、发生频率、触发因素，以及对资产的盈亏影响，在此基础上，进一步提出调整与迎合组合配置的方案，这也是将行为金融学成果应用于财富管理的良好实践。

目前学术界已经有一套完整的计算体系，用以量化市场上常见的行为偏误类型，比如损失厌恶、频繁交易等等。但是，一些情绪型偏误很难用市场上的交易数据来量化。对于业界来说，从行为金融的角度出发，进行理财咨询与教育，定量描述投资者的行为偏误，更是一个新兴的领域。在理财咨询中，如何应用行为金融呢？保险公司利用智能手环收集健康数据，据此设计健康险，或可为理财咨询服务提供参考。保险公司可以对有健康生活习惯的客户,提供较低的费率,不需要客户额外提供医院证明。如此精准定价,在跟其他保险公司竞争的时候,就可以取得优势。

过于保守会导致资产配置过于单一,致使回报率低于通货膨胀率;过度自信导致频繁交易,使得扣掉交易成本后,出现总体亏损;损失厌恶导致赚到钱立刻退出,可能错过最佳买入卖出的时点……对于已经建立长期交易记录的投资者,智能理财可以通过了解投资者的行为,对症下药,给出更合适的理财建议。在此基础上,金融机构跟客户实现长期的互利共赢,才能将理财服务做得稳、做得长,也能做得强、做得大。

案例

方叔一边点头,一边说:“思想决定行为,行为决定习惯,习惯决定性格,性格决定命运!投资的成败,确实深受思维习惯与性格影响。有时我自己也不知道,损失背后的根源是什么?为什么买卖时点总是抓错?是太过短视,还是风险意识不足?如果能通过系统量化展示,适时提醒我老毛病又犯了,或许能够及时地纠正改进,减少损失,提高赚钱的概率。”

黄主任笑着说:“还不只是这样呢!智能理财模式利用市场预期信息(例如展示未来货币政策的宽松或紧缩)、投资者行为与生活上可能的变动(例如医疗支出大幅增加,升职后收入大幅增长）等，将投资方案场景化，自动生成不同场景下未来现金流的模拟图，度量各种配置的风险与收益，有效地比较各种方案，最终选出正中靶心的建议。在定期进行回顾检讨时，智能理财会给出进出场战略、进行资产配置再平衡、优化投资组合、跟踪投资表现，并且提供实时的反馈与调整，使得投资理财方案始终符合投资者的需求！”

评估、记录与监管：智能理财的衍生价值

通过完整记录销售流程，智能理财模式可以评估理财顾问的价值，即理财顾问是否提供完整的咨询服务、是否详细地说明产品的条款、投资者是否清楚明白自己的选择、是否提供不同选项、是否提醒风险、是否建议分散投资，甚至是否存在避重就轻、故意误导客户等不当行为。通过销售流程规范化与标准化，将有关记录上传至监管机关，使得有效保护投资者的措施能够更加顺畅地落地。

智能理财模式还可以应用对行为偏误的研究成果，分析与评估个体的投资决策行为与财富水准；在估算投资者的身家时，还可以充分考虑投资者的职业性质和职业发展路径，评估客户的人力资本，提供量身定制的个性化理财方案。财富管理机构可以利用智能理财模式，匹配理财顾问与投资者，甚至建构信任预警系统，实现客户机构化（Institutionalize）——提升客户对机构的忠诚度，避免客户跟随个别理财顾问一起流失。

理财顾问在中国是种新兴服务，一般居民少有机会寻求理财顾问的帮助。即便咨询理财顾问，由于大多数人不愿意提供准确的个人信息，理财顾问无法从全局出发，为投资者进行合理的资产配置。通过金融科技的支持，投资者对财富管理行业的信任程度得以提高。智能理财的工作流程，能够全面覆盖这个行业的参与者，包括投资者、理财顾问、财富管理机构以及监管机构，在提升服务“量”的同时，稳住服务的“质”。我们认为，落实财富管理的技术，使其面向一般大众，使得个性化的理财服务在中国深入普及，是对中国财富管理模式的重要构想，也能够为投资者提供财富增值与保值的发展空间。

第29讲
幸福理财的起点

新冠肺炎疫情的爆发与蔓延不但催化了科技与医疗的创新，还是对各行各业数字经济能力的实战考验。智能化财富管理服务要得以施展，需要一定程度的标准化及数字基建。隔离、社交距离等要求使得在家工作、在家上学、线上购物、线上看病等需求攀升，数字化工作与生活得以快速普及。而对于财富管理行业来说，唯有推出“破坏式创新”的方案，开展与主流市场发展趋势、现存财富管理机构利益机制不同的创新活动，才能解决眼下投资者对个性化理财投资服务的迫切需求。

在疫情初期，关于确诊人数的报道紧紧牵动着人心，连带催生了人们对于经济前景的极度悲观情绪。长时间、大规模的经济萧条阴影笼罩人心，企业家担心倒闭、员工忧虑失业。在金融市场方面，在恐慌情绪下人们短期不知所措地抛售资产，过度反应带来了全球市场崩塌。股票、债券，甚至传统上作为安全避风港的黄金全面崩跌。紧接着各国政府印钞票救市，资金注入造就反弹，力度迅速而猛烈，再次让人措手不及。例如，2020 年 3 月，美联储为维持美国市场稳定，宣布采取“无限量化宽松”政策。2021 年 3 月，美国参议院又通过了 1.9 万亿美元经济救助计划。大量资金涌入市场，引发了市场对通胀问题的高度担忧。

在金融决策的背后，纠缠着人们的感性与理性。常常可以看见，人们在地震、疫情等罕见事件发生前，严重低估事件的发生概率及严重程度，在事件发生后，却产生恐慌，出现抢购食盐等过度反应。学术界对此已有所研究，对于极端概率事件的风险态度与感知，已经有了一定的了解[1]。在信息认知方面，突发事件让未来市场充满了高度不确定性。面对陡增的风险，新信息的准确性、先后顺序就变得格外重要。那些更加准确、更早进入人们视野的消息，会比模糊的、迟到的消息产生更大的作用。此外，人们的注意力是有限的，往往无法关注到信息的全部内容，会将自己的注意力集中在信息的显著部分。地震、飓风等罕见灾难，会改变经历者的风险感知能力。此外，经历

[1] GAO M, LIU Y-J, SHI Y. Do people feel less at risk? Evidence from disaster experience [J]. Journal of financial economics, 2020, 138(3): 866-888.

者在罕见灾难中的感受也会对其行为产生长远的影响。

除了信息认知和风险感知，心情也是影响人们决策的重要因素。通常情况下，好心情能够提升人们对风险和不确定性的容忍程度；反之，坏心情可能使风险厌恶程度提升，进而产生不同行为。

投资与人性始终密不可分，除了自我认知以外，决策也会受到社交认知（Social Awareness）影响。金融市场就像一个大型的人性实验室，新冠疫情极大影响了人们的投资决策与行为，势必会带来更多的研究与发现。社会科学的迷人之处，是能够运用科学的方法，更好理解人们朦胧的感知，更好解释甚至预测人们的行为。

后疫情时代，究竟是哪些人投入了金融市场呢？社群分析发现，进入市场的主力已经悄然变成千禧世代，在他们的成长过程中，互联网已经十分普及。

一方面，互联网的出现降低了传统金融机构与投资者之间的信息不对称程度，投资者产生了更多的个体意识和自我观点，不再容易受金融机构观点引导，另一方面，互联网打破了中心化格局，新生代主力军更喜欢通过社群网络获取信息。每个人都有可能成为信息中心，每个人都有机会宣传出自己的观点。

疫情对人们的经济预期、风险态度等产生深远影响，这对财富管理行业的影响又是怎样的呢？调查数据显示[1]，在财富总量方面，

[1] 西南财经大学中国家庭金融调查与研究中心与蚂蚁集团研究院，疫情下中国家庭的财富变动趋势——中国家庭财富指数调研报告（2020Q2）[R].（2020-07-26）[2021-05-01].

受疫情影响，中国的低收入家庭和自由职业家庭财富下滑程度最大。

在投资选择方面，中国家庭部门对基金的投资意愿明显上升，相较于股票，中国家庭开始倾向于基金投资，风险承受意愿下降，投资更加趋向理性。此外，居民购买商业保险的意愿不断上升，参保率不断上升，金融资产或收入在疫情期间遭受损失的家庭表现出了更强的参保意愿。在房地产市场中，疫情使得家庭购房意愿明显提高，拥有多套房产的家庭表现出了较为强烈的投资意愿。而对于海外资产，中国居民的投资意愿出现下降。

在金融负债方面，调查显示随着信贷政策的适度宽松，家庭部门获取贷款难度下降，疫情期间住户贷款显著增加，央行对实体经济的扶持作用明显，低收入群体获取信贷的难度也出现下降，信贷资金下沉明显。

在投资形式方面，线上投资开始受到追捧。年轻家庭和老年群体对互联网理财的接受程度不断提高，互联网理财产品的热度开始从年轻群体、一线城市向其他群体、非一线城市蔓延。随着网络环境的优化、网络安全技术的进步，互联网理财开始为大众所熟悉和使用。人们也很快适应了互联网技术为理财投资带来的巨大便利，省去了大量繁琐复杂的线下操作。

人类文明的进步不曾止息，某种意义上，危机反而能够加速人类社会的进步。危机过后，金融场景在真实生活中发生剧变，例如，疫情加速了传统金融与科技的结合，线上线下“双轮驱动”、协同发展。数字经济下的财富管理行业，便这样在金融科技的赋能实践中，逐渐走出传统模式。

投资理财对很多人来说，是个又爱又恨的话题，中国有句老话说，钱财是“生不带来、死不带去”的；擅长经商理财的犹太人，古时训诲他们的子孙时，也说“我们没有带什么到世上来，也不能带什么去，然而有些贪恋钱财的人，用许多愁苦把自己刺透了”。犹太人认为，财富是一种祝福，钱财本身并不是罪恶的，“贪恋钱财”才是罪恶的根源。积极理财的犹太人还说，“不要倚靠那无定的钱财”，因为犹太人认为，每个人就像忠心良善的好管家，都必须尽量发挥自己的才干，极大化运用与发扬手上的资源优势。这便是犹太人代代相传的理财秘诀。

有人以财务自由为理财的目标。财务自由是一个直指人心的词汇，在工作压力日渐加大的现代社会，人们渴望拥有足够的被动性资产收入，无须为生活中的各项花销而奔波，不再为金钱感到焦虑愁苦。建构适合自己的资产配置，便是减轻财富焦虑的重要途径。

读完本书，您对幸福理财的心理素质是否有更多的体悟？不论金额大小，每个人都可以投资理财，最重要的是遵守投资纪律，了解自己的理财弱点，避开频换股、高接盘等“亏钱坑”。也要了解经济与市场的主基调，市场必定是起起伏伏的，当你看到自己的持仓涨了30%，不代表自己的投资能力立刻增加了30%；股价跌了30%，也不代表自己的能力减少30%。我们的思维方式会影响我们的投资判断、对于投资的感知和在投资过程中获取的幸福感，您对理财的“思维模式”，才是幸福理财的坚固基石。

本书行文至此，我们已经学习了行为金融中的主要偏误，了解了我国财富管理和投资者教育的现状，展望了金融科技下的未来。投资决策源于“人性”与“人情”，但市场是理性和无情的，我们只能通过不断的学习，增进自身知识技能、适应市场。运用行为金融武装我们的思维，或许能让我们在理性与感性的缠绕中，寻得一丝希望和依靠。

我们需要从投资中的人性分析开始，衡量投资过程中的“得”与“失”，深入了解自己在时间、风险上的偏好，避免走入信念误区。总而言之，降低我们在投资过程中所犯的行为偏误，是减少投资遗憾、提升生活幸福感的重要保障。

希望读者通过本书，更好理解自己在投资中的表现和行为，认清优势与劣势，掌握自己的财富状况，学习运用现代财富管理工具，早日实现理财目标，实现人生幸福。